AF174758

ESBALUARD
MUSEU

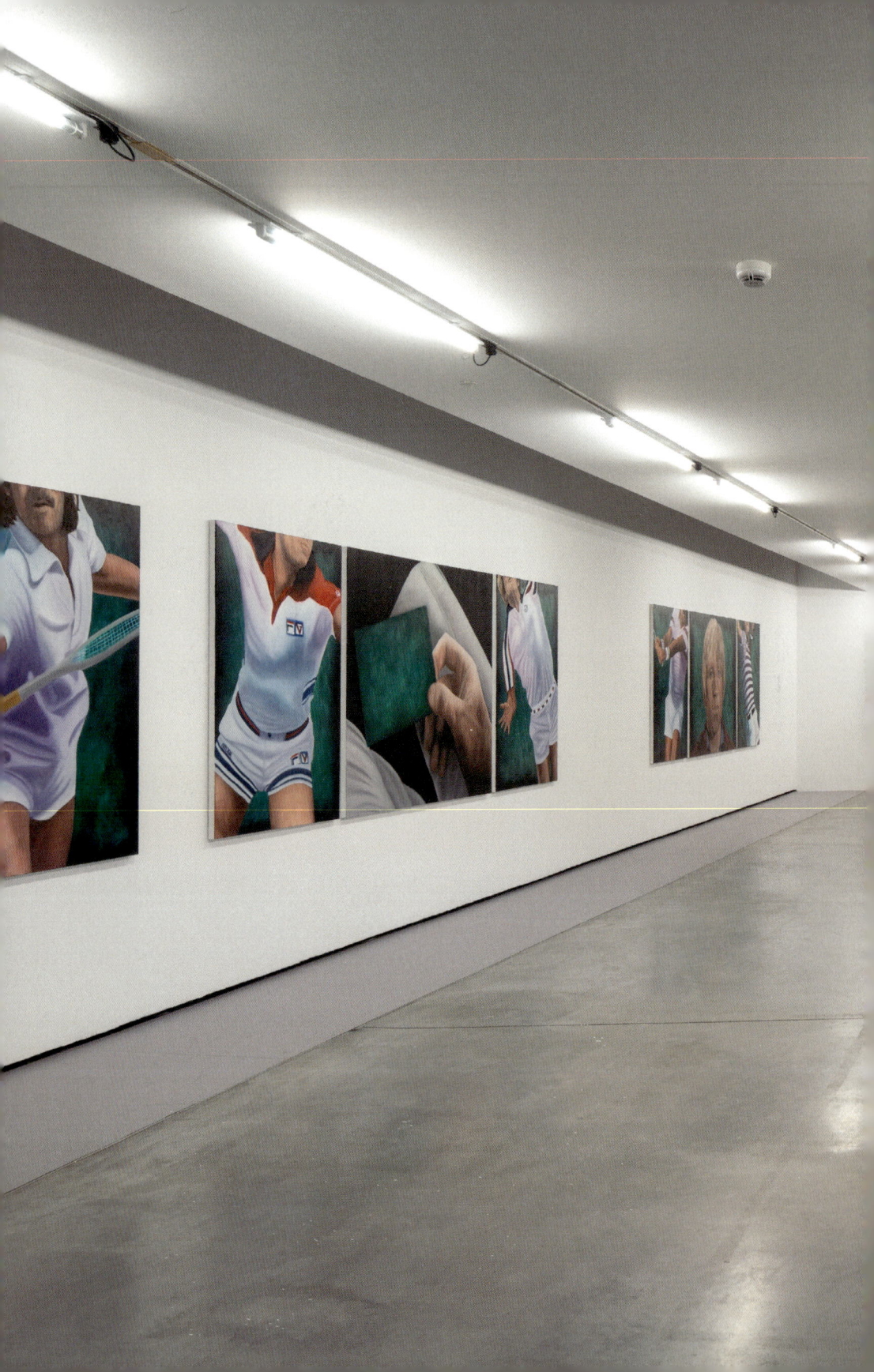

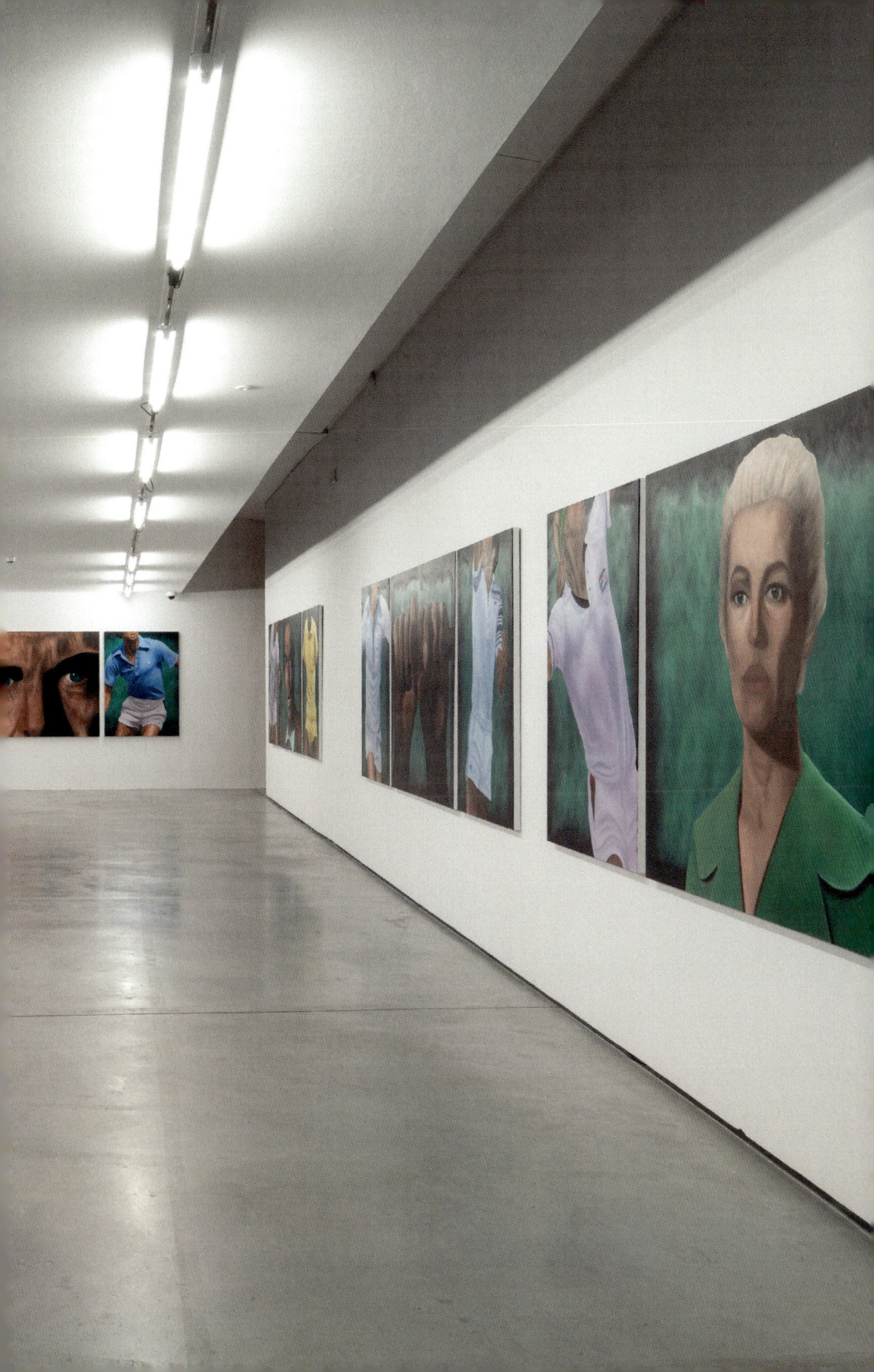

CAT

JOSÉ FIOL. THE GREEN FOG

Raquel Victoria

El projecte expositiu «The Green Fog» és, sobretot, una invitació oberta. Una invitació a l'espectador a construir narratives noves a partir dels set tríptics i la peça sonora que fan part de la mostra. Ens activa, no només com a observadors passius, sinó com a cocreadors d'històries; és per això que aquesta exposició, i l'obra de José Fiol, ens interpel·la visualment i conceptualment. Les tècniques del *cut-up* i el muntatge, inspirades en el cinema experimental i aplicades a la pintura, trenquen la linealitat i ens obliguen a abandonar la comoditat de les narratives conegudes. Fiol provoca una tensió constant entre allò real i allò fictici, entre el passat i el present, i desafia l'espectador a qüestionar-se l'autenticitat del que observam i a crear significats propis.

En l'actualitat, la societat s'enfronta a una saturació visual derivada del flux constant d'imatges que provenen de la publicitat i les xarxes socials. Aquestes imatges, dissenyades per a un consum ràpid i efímer, modelen la nostra percepció de la realitat i limiten l'espai per a la reflexió crítica. Davant aquesta situació, l'artista José Fiol proposa un enfocament alternatiu basat en el reciclatge d'imatges. La seva pràctica consisteix a treballar amb imatges existents, sovint oblidades o descartades, que han adquirit múltiples significats al llarg del temps. Aquestes imatges, de «tercera mà», són rescatades i transformades per dotar-les d'una nova vida i d'un propòsit renovat. El reciclatge d'imatges no respon només a una intenció estètica, sinó també ètica. Fiol es posiciona en contra de la sobreproducció visual

5

i de l'«obsolescència programada» de les imatges modernes i promou una reflexió sobre els valors culturals, històrics i emocionals que aquestes imatges representen. Reutilitzant imatges del passat, la seva obra cerca destacar la importància de la memòria visual i la capacitat per generar narratives noves.

En aquesta exposició a la sala D d'Es Baluard Museu, l'artista mallorquí José Fiol entrellaça aquests dos esdeveniments aparentment inconnexos a través de les seves pintures: la final de Wimbledon del 1975 i la reinterpretació cinematogràfica de *Vertigen* (1958) a la pel·lícula experimental *The Green Fog*, dirigida per Guy Maddin. Fiol utilitza aquests esdeveniments com a punt de partida per submergir-se en la seva anàlisi i la seva vinculació mitjançant la tècnica del *cut-up*, fragmentant i recomponent elements per crear narratives i significats nous. Quan recorrem aquesta exposició, no només la contemplam; ens trobam en un espai de qüestionament, on la pintura es transforma en un vehicle per a la introspecció i la producció d'idees noves. És una crida a l'acció creativa, a reimaginar el passat i el present, i a construir junts noves realitats, noves històries.

La final de Wimbledon del 1975 és una de les més icòniques en la història del tenis, no només pel joc que es va desplegar a la pista, sinó també pel context que envoltà els dos protagonistes: Arthur Ashe i Jimmy Connors. Aquest partit, a més d'un enfrontament entre dos grans tenistes, va ser una batalla carregada de tensions personals i culturals. Arthur Ashe, als 31 anys, era un veterà del circuit, conegut tant per l'elegància a la pista com per l'activisme fora del terreny de joc. Ashe, que havia estat una figura prominent en la lluita pels drets civils, s'enfrontava a un jove i enèrgic Jimmy Connors, de 22 anys, que venia d'un any espectacular, el 1974, en què havia guanyat els tres títols de Grand Slam que havia disputat (l'Obert d'Austràlia, Wimbledon i l'Obert dels Estats Units).

La victòria d'Arthur Ashe a Wimbledon va ser històrica per moltes raons. En primer lloc, Ashe es va convertir en el primer home afroamericà que guanyà el torneig més prestigiós del tenis, un triomf que va tenir un profund impacte social en una època en què les tensions racials encara eren palpables als Estats Units i en altres parts del món. Ashe, sempre conscient del seu paper com a pioner, va dedicar la victòria no sols a la seva habilitat a la pista, sinó també a la seva lluita per la igualtat. Un altre motiu que feia que aquesta final fos especialment intrigant no era només la diferència d'estils de joc i de generacions, sinó també la tensa relació personal entre ambdós jugadors. El 1974, Ashe i altres tenistes de l'ATP demandaren Connors per 10 milions de dòlars. Connors havia decidit no unir-se a l'ATP i, en comptes d'això, va signar un contracte exclusiu amb el promotor Bill Riordan, la qual cosa va crear un conflicte amb l'associació que representava la majoria dels jugadors professionals. Ashe, com a president de l'ATP en aquell moment, va tenir un paper clau en aquesta disputa legal, fet que va intensificar la tensió entre tots dos.

La final de Wimbledon del 1975 va ser un duel tàctic i psicològic. Ashe, conscient que Connors era un jugador extremadament agressiu, amb cops potents des de la línia de fons i un caràcter impetuós, va decidir que l'única manera de derrotar-lo era amb una estratègia acuradament calculada. Ashe va optar per alentir el ritme del joc, era com si, d'alguna manera, amb cada cop tallàs i plantàs la bola a la pista de Connors, en lloc d'enfrontar-lo en el seu terreny. Totes aquestes estratègies d'Ashe aconseguiren que Connors es desconcentràs. Després del partit, Connors va comentar: «No podia treure'm aquesta boira del cap».

Aquesta mateixa boira, juntament amb la tècnica estratègica del *cut-up* i el muntatge, es fa present al film *The Green Fog*, en què aporta una atmosfera intrigant i fragmentada que redefineix la narrativa original. Aquesta pel·lícula experimental del 2017, dirigida per Guy Maddin, juntament amb Evan Johnson i Galen Johnson, és un homenatge i una reimaginació del clàssic d'Alfred Hitchcock *Vertigen* (1958), però en lloc de ser una recreació directa, *The Green Fog* utilitza una tècnica única de muntatge.

The Green Fog no conté material filmat específicament per a la pel·lícula, sinó que fa servir clips de pel·lícules, programes de televisió i altres materials visuals enregistrats a San Francisco, la ciutat on es desenvolupa *Vertigen*. El director Guy Maddin, conegut pel seu estil surrealista i avantguardista, utilitza aquests fragments de manera enginyosa per reconstruir i reinterpretar la narrativa de *Vertigen*. Amb tot, la història no es conta d'una manera lineal ni convencional. Maddin juga amb l'estructura narrativa i l'edició i crea una experiència visual abstracta i meditativa. La pel·lícula és un exercici en l'art del *remix*, en què les escenes s'acoblen per evocar emocions, atmosferes i temes semblants als de *Vertigen*, sense dependre d'una narrativa clara. El resultat és una mena de *collage* cinematogràfic que explora la relació entre la memòria, el cinema i el lloc.

L'espai D es transforma en una tela en blanc on Fiol combina aquests dos casos en un autèntic còctel de *collage* pictòric, figuratiu i conceptual. Pel que fa a la decisió curatorial, Fiol recrea la icònica final de Wimbledon del 1975 mitjançant aquests tríptics que representen els dos jugadors, dividits per un fotograma del film *The Green Fog* (2017). La disposició d'aquestes peces segueix el desenvolupament progressiu del torneig: des dels quarts de final, passant per les semifinals, fins a arribar a la paret central, que s'erigeix en el punt culminant del recorregut expositiu amb la llegendària final entre Jimmy Connors i Arthur Ashe.

Més enllà d'aquesta elecció de presentació de les obres, podríem dir que la connexió entre la final de Wimbledon del 1975 i la pel·lícula *The Green Fog* no és directa ni evident a simple vista, però es poden establir algunes relacions en l'àmbit temàtic i estilístic, especialment sobre com ambdues obres es relacionen amb la idea de la memòria, la reinterpretació i l'ús de l'arxiu. Si

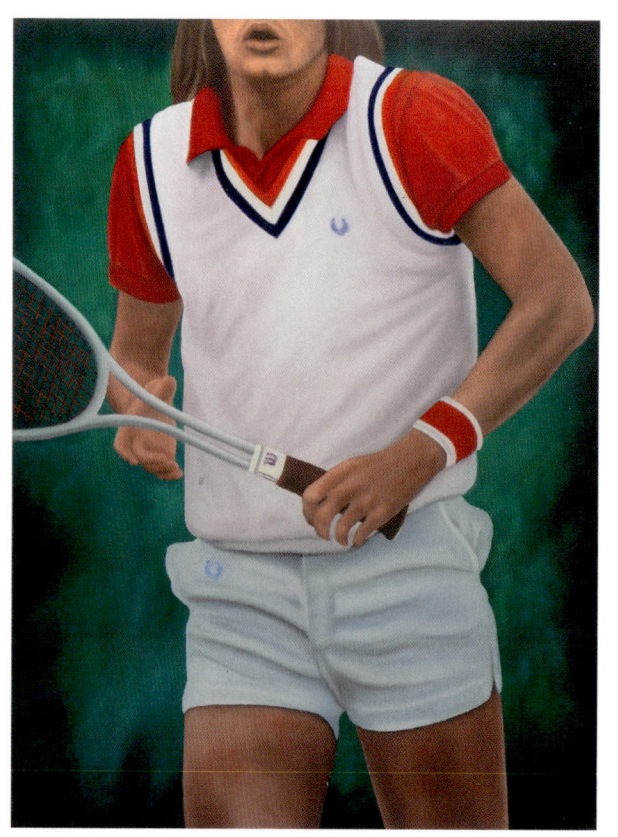
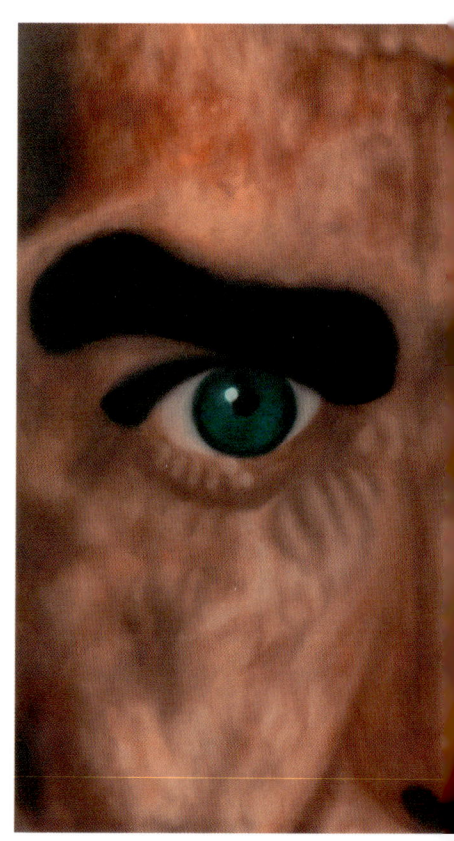

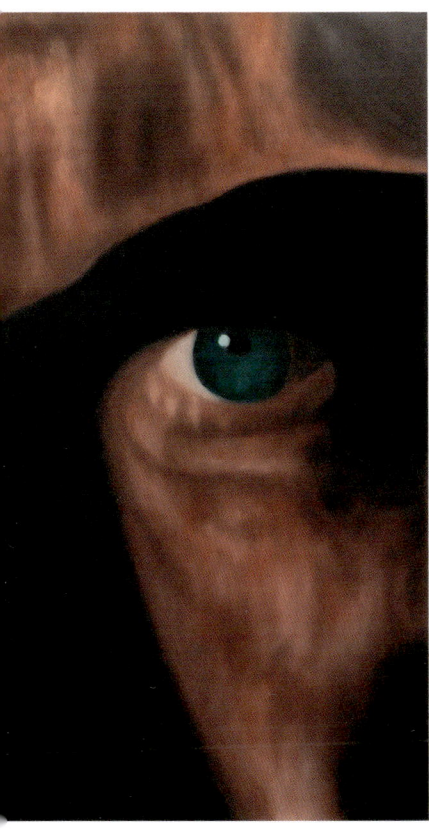
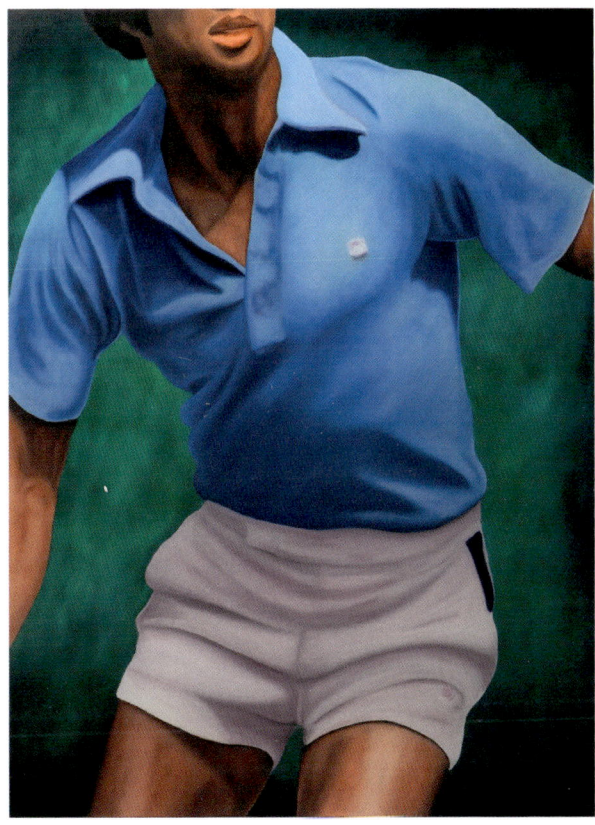

Jimmy Connors vs Arthur Ashe (Final), 2024.
Oli damunt lli, 130 x 97 cm; 130 x 162 cm i 130 x 97 cm (tríptic).
Es Baluard Museu d'Art Contemporani de Palma

Jimmy Connors vs Arthur Ashe (Final), 2024.
Óleo sobre lino, 130 x 97 cm; 130 x 162 cm y 130 x 97 cm (tríptico).
Es Baluard Museu d'Art Contemporani de Palma

Jimmy Connors vs Arthur Ashe (Final), 2024.
Oil on linen, 130 x 97 cm; 130 x 162 cm and 130 x 97 cm (triptych).
Es Baluard Museu d'Art Contemporani de Palma

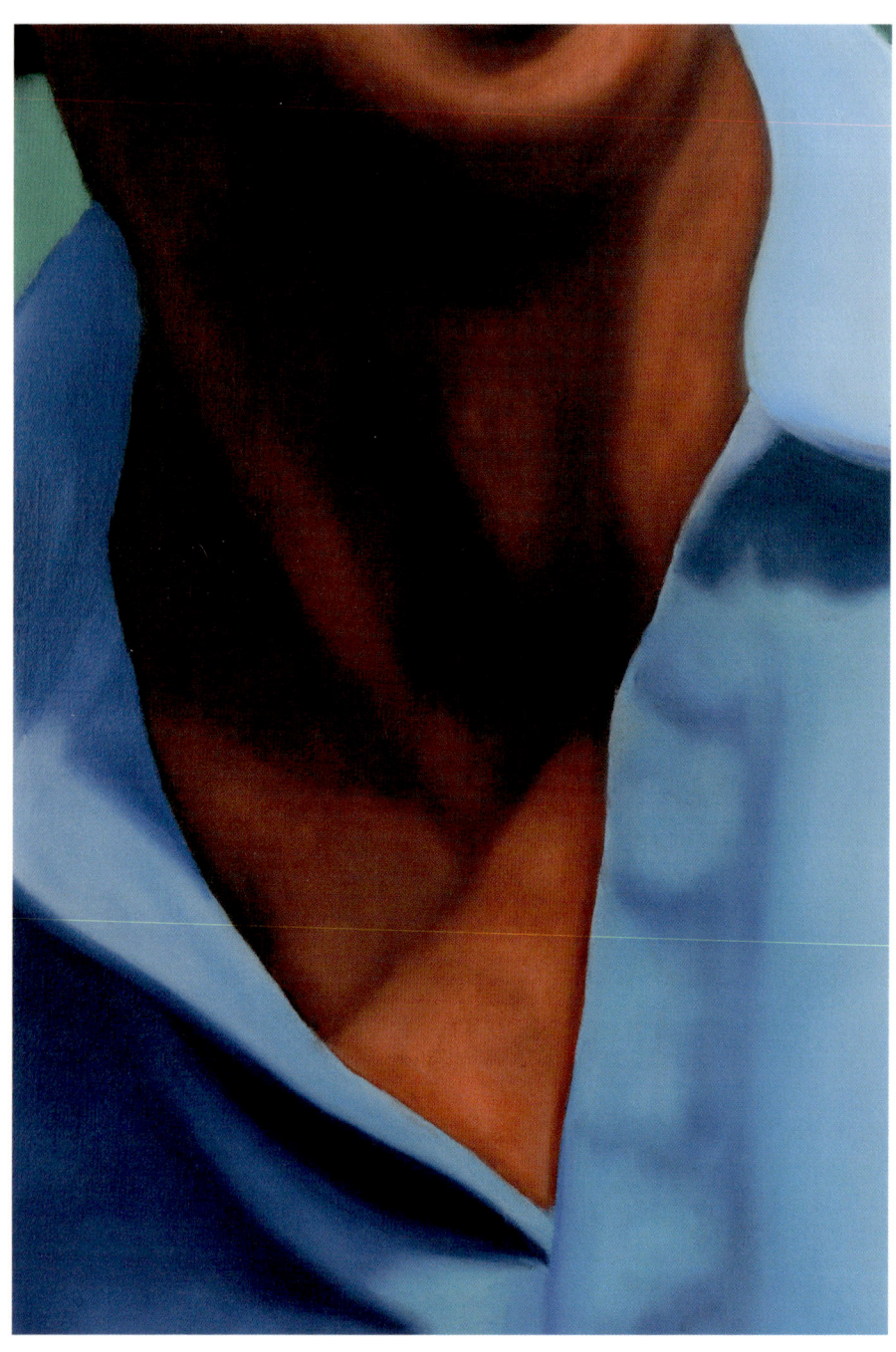

Jimmy Connors vs Arthur Ashe (Final), 2024. Detall / Detalle / Detail

haguéssim d'enumerar aquestes connexions ressaltaria la necessitat de generar una llista comparativa on s'hi exposin les coincidències més característiques.

Començaria ressaltant temes contextuals com ara períodes i memòries. Ambdues obres, encara que en mitjans i contextos diferents, comparteixen la intenció de revisitar el passat per desmantellar-lo i reconstruir-lo amb una llum nova. La final de Wimbledon del 1975 i *The Green Fog* desafien el públic a considerar com la memòria i la narrativa poden ser manipulades, tant a través de l'estratègia esportiva com del muntatge cinematogràfic, per tal que generin una nova comprensió del que semblava ja conegut i d'aquesta manera ens sorprenguin i ens qüestionin.

Un altre element clau en aquest nou diàleg que ens presenta Fiol té relació amb la reinterpretació i la psicologia que trobam en els dos esdeveniments. Durant la final, Ashe va vèncer Connors fent servir una estratègia inesperada, basada en variacions de ritme i en canvis tàctics, en lloc de recórrer a la potència física, que era l'estratègia més habitual. Aquesta manera de «reinterpretar» el joc, amb un enfocament estratègic en comptes de la força bruta, té ressonàncies amb l'enfocament de *The Green Fog*, que reinterpreta una narrativa familiar (la de *Vertigen*) mitjançant el *collage* i la recombinació de fragments visuals.

D'altra banda, la pel·lícula refà una història ja coneguda, però a través d'un mètode completament diferent: en lloc de recrear o de filmar de nou, fa servir imatges d'arxiu per construir alguna cosa nova i, així, distorsiona i recontextualitza el que l'espectador ja coneix. A més, si ens endinsam en la trama, a *Vertigen* apareix l'ús de la mentida com a estratègia de manipulació. Si recordam el personatge d'Elster, utilitza la malaltia del vertigen de Scottie per poder «justificar» l'assassinat de la seva dona.

Aquestes característiques desemboquen en altres com ara la nostàlgia i l'ús de l'arxiu com a part de la temàtica vehicular d'aquest projecte. Com en ocasions anteriors, José Fiol se submergeix en un sentiment de nostàlgia arxivística i ens presenta dos nous protagonistes. La final és part de la nostàlgia esportiva, i és un partit que es recorda no només pel resultat, sinó pel que representava en aquell moment i el que encara simbolitza. Aquesta mena d'esdeveniments solen ser revisats i recordats als mitjans, d'una manera semblant a com *The Green Fog* revisita i repassa un cúmul d'imatges del passat. La pel·lícula explora com es percep el passat a través dels fragments i les imatges. Es podria dir que és una pel·lícula que construeix sobre les memòries col·lectives del cinema, com Ashe va construir la seva victòria a Wimbledon sobre la base del coneixement i l'experiència acumulada al tenis.

Si passam a les característiques tècniques, com ara la colorimetria, podem trobar un protagonista en ambdós casos: el verd. Aquest color és crucial al tenis i destaca a les pistes de gespa, com les de Wimbledon, que ofereixen una superfície ràpida i tradicional. També es fa servir en pistes artificials per contrastar amb les pilotes groc neó i facilitar-ne la visibilitat. Quelcom que també passa a *The Green Fog*, tant a la versió del 2017 com a l'original del 1958, en què el verd és un color que té molta importància a la trama de *Vertigen*. A l'assaig *Vértigo y pasión. Un ensayo sobre la película* Vértigo *de Alfred Hitchcock*, Eugenio Trías recorda, sobre la relació del verd amb el personatge de Judy:

> Llums de color verd maragda que s'avenen a la perfecció amb el colorit cridaner que es pot associar amb l'al·lota. Verd és el vestit que porta Judy la primera vegada que es troba amb Scottie. Aquests llums de neó, en un moment màgic de la cinta, serveixen per aureolar d'electricitat ionitzada el cabell i el front de Scottie; i sobretot la seva mirada, posseïda pel desig. Això passa just a l'instant crucial en què es produeix l'escena suprema del ritu de la transfiguració: quan Judy es metamorfoseja radicalment en Madeleine i consuma la seva resurrecció «d'entre els morts», avançada per un halo *surreal* de color verd. Verd és, en efecte, el color apropiat per a tota metamorfosi. Color de la memòria (del passat) i de l'esperança (del seu rescat i la seva resurrecció).[1]

Tant a l'esport com al cinema, el verd emergeix com un color carregat de significat que subratlla la connexió entre l'estètica visual i la narrativa emocional.

Aquestes vint-i-una pintures noves de José Fiol absorbeixen les connexions anteriorment comentades i obren la possibilitat a l'espectador de crear-ne moltes altres per si mateix. Trobam relacions amb ambdós successos tant en la conceptualització de la imatge com en els processos metodològics i tècnics de l'artista.

En l'aspecte del tractament de la imatge, Fiol utilitza la mateixa tècnica del *cut-up* de Maddin aplicada a la seva obra visual i estableix un diàleg entre el cinema i la pintura. Inspirat per *The Green Fog*, Fiol empra la resignificació d'imatges per construir narratives noves que desafien les convencions establertes. Així com Maddin desconstrueix *Vertigen* per oferir una visió renovada, Fiol descompon esdeveniments històrics, com la final de Wimbledon del 1975, i els recontextualitza amb elements del *collage* cinematogràfic de Maddin.

Aquest mètode de recomposició es converteix en la base conceptual sobre la qual José Fiol desenvolupa el seu projecte artístic. Igual que a *The Green Fog* (2017), en què les imatges desarticulades generen associacions i significats nous, a l'obra de Fiol les imatges històriques es transformen en un catalitzador per reflexionar sobre com la història pot ser reconstruïda i

---

1. Trías, E. *Vértigo y pasión. Un ensayo sobre la película* Vértigo *de Alfred Hitchcock*. Barcelona: Galaxia Gutenberg, 2007.

resignificada a través de l'art. Fiol porta aquesta pràctica encara més lluny en una de les peces clau del projecte, *Quiet Please* (2025). Al llarg del recorregut per l'espai que ocupen els tríptics dedicats a la final de Wimbledon, un acompanyant intangible envolta l'espectador: el so. Com a complement a les obres visuals, Fiol incorpora una creació sonora que actua com una obra independent. Aquest paisatge auditiu es concep com un «partit» simbòlic entre els dos protagonistes –la final de Wimbledon i el film de Maddin–, en què les veus d'ambdós intenten emergir i xiuxiuejar per establir un diàleg.

Trobam també connexions amb la metodologia i l'obra de José Fiol en l'exploració de la mentida com a concepte central. A *The Green Fog* i en algunes tècniques de desconcentració en el tenis, la mentida i l'engany a través de la ficció tenen un paper crucial. Fiol incorpora aquesta idea al seu treball en introduir elements que, encara que semblen autèntics, en realitat són construccions fictícies. La mentida es converteix en una eina de creació, en un mitjà per desestabilitzar la percepció de l'espectador i portar-lo a qüestionar la veracitat del que observa. Igual que un tenista que distreu l'oponent amb una falsa maniobra, Fiol desvia l'atenció de la «veritat» per explorar la riquesa de les múltiples interpretacions possibles. La relació entre ficció i realitat és un eix clau a l'obra de Fiol. En aquestes pintures, el vestuari dels personatges representats no es correspon necessàriament amb el que varen fer servir en la realitat, sinó que és una recreació que introdueix una capa de ficció dins la narració històrica. En aquest cas, la mentida de la vestimenta es transforma, es talla i s'adhereix a una altra superfície, el cub blanc. Aquest element evoluciona per integrar-se com a part de l'obra de Fiol i retre homenatge al tradicional vestuari de Wimbledon. La intervenció en el vestuari subratlla el poder de l'art per reinterpretar la història i suggereix que la veritat pot ser tan mal·leable com el teixit de la tela.

Un altre punt en relació amb els processos metodològics de Fiol que cal destacar és l'ús de l'apropiacionisme de la memòria. La final de Wimbledon del 1975 s'erigeix en un símbol de nostàlgia esportiva, un esdeveniment que perdura en la memòria no només pel resultat, sinó per la profunda significació en el context històric i la seva rellevància actual. Aquesta mena d'esdeveniments, que es revisiten i s'evoquen constantment als mitjans, tenen un paral·lelisme en la manera en què *The Green Fog* de Guy Maddin explora la percepció del passat a través de fragments i records visuals. Així com Ashe va construir la seva victòria a Wimbledon basant-se en l'experiència acumulada i el coneixement profund del tenis, *The Green Fog* construeix una narrativa cinematogràfica a partir de la memòria col·lectiva del cinema i reelabora imatges del passat per crear noves significacions. D'una manera semblant, Fiol utilitza aquests referents històrics i cinematogràfics per recontextualitzar i resignificar esdeveniments del passat a la seva obra i convida l'espectador a reflexionar sobre com es construeix i es percep la memòria tant en l'art com en la vida. Aquesta pràctica no és una novetat en l'obra de Fiol, l'ús de la nostàlgia i de l'arxiu és quelcom que forma part de la definició de la seva obra. Ho podem veure en projectes passats com «Heart-Shaped Box» (2019) i «MacGuffin» (2022).

Amb aquestes claus, connexions i reflexions sobre l'imaginari, la producció i la metodologia de José Fiol, convidam l'espectador a fer un exercici actiu d'interpretació. L'obra, com un joc de peces que es desplacen, ja no depèn només de la visió del creador, sinó de la interacció directa amb el públic. És el vostre torn de moure fitxa. Aquesta és, en última instància, una invitació al pensament crític i a la reconfiguració. Tal com he esmentat al principi, aquest projecte no cerca oferir respostes definitives, sinó generar un espai d'exploració on cadascú pugui redibuixar el significat a partir de la seva experiència personal. Igual que en qualsevol invitació, el que aquí es presenta és només un punt de partida. Les pistes, els gestos, les connexions visuals i conceptuals són les llavors d'una reflexió que creix amb cada mirada que es posa sobre l'obra. No és un acte unidireccional, sinó una trobada on l'espectador, amb el seu bagatge i la seva perspectiva, té el poder de transformar i d'enriquir el que s'ha presentat.

Així, aquest projecte es converteix en un exercici col·laboratiu, en una conversa oberta entre l'art i el públic. La vostra reinterpretació és fonamental perquè l'obra cobri una nova vida, es desplegui en múltiples direccions i continuï creixent més enllà dels límits de l'espai físic. L'obra ja no és només allò que està penjat o disposat en l'espai, sinó el que passa quan l'espectador s'involucra i es converteix en part activa de la seva existència.

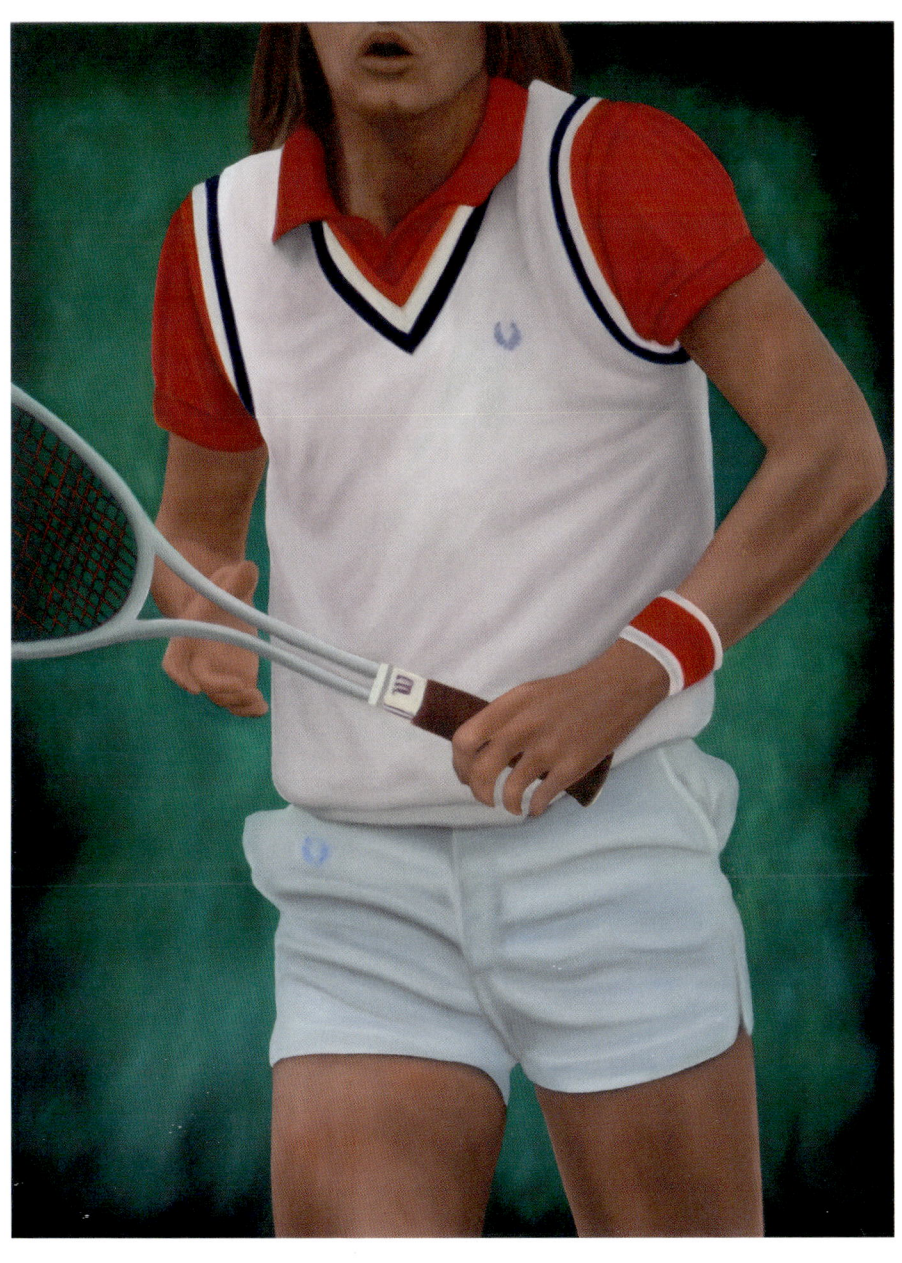

Jimmy Connors vs Arthur Ashe (Final), 2024. Detall / Detalle / Detail

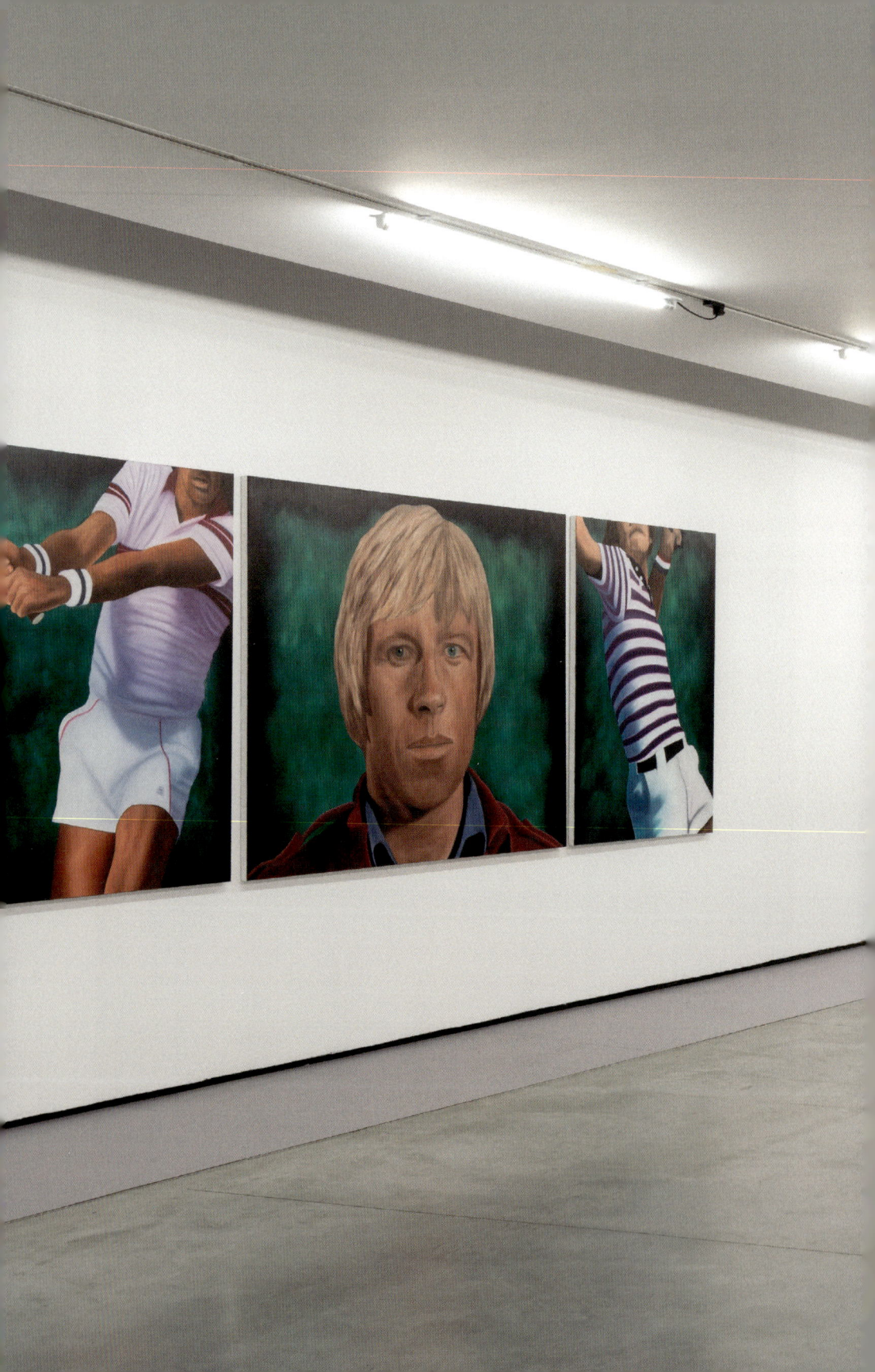

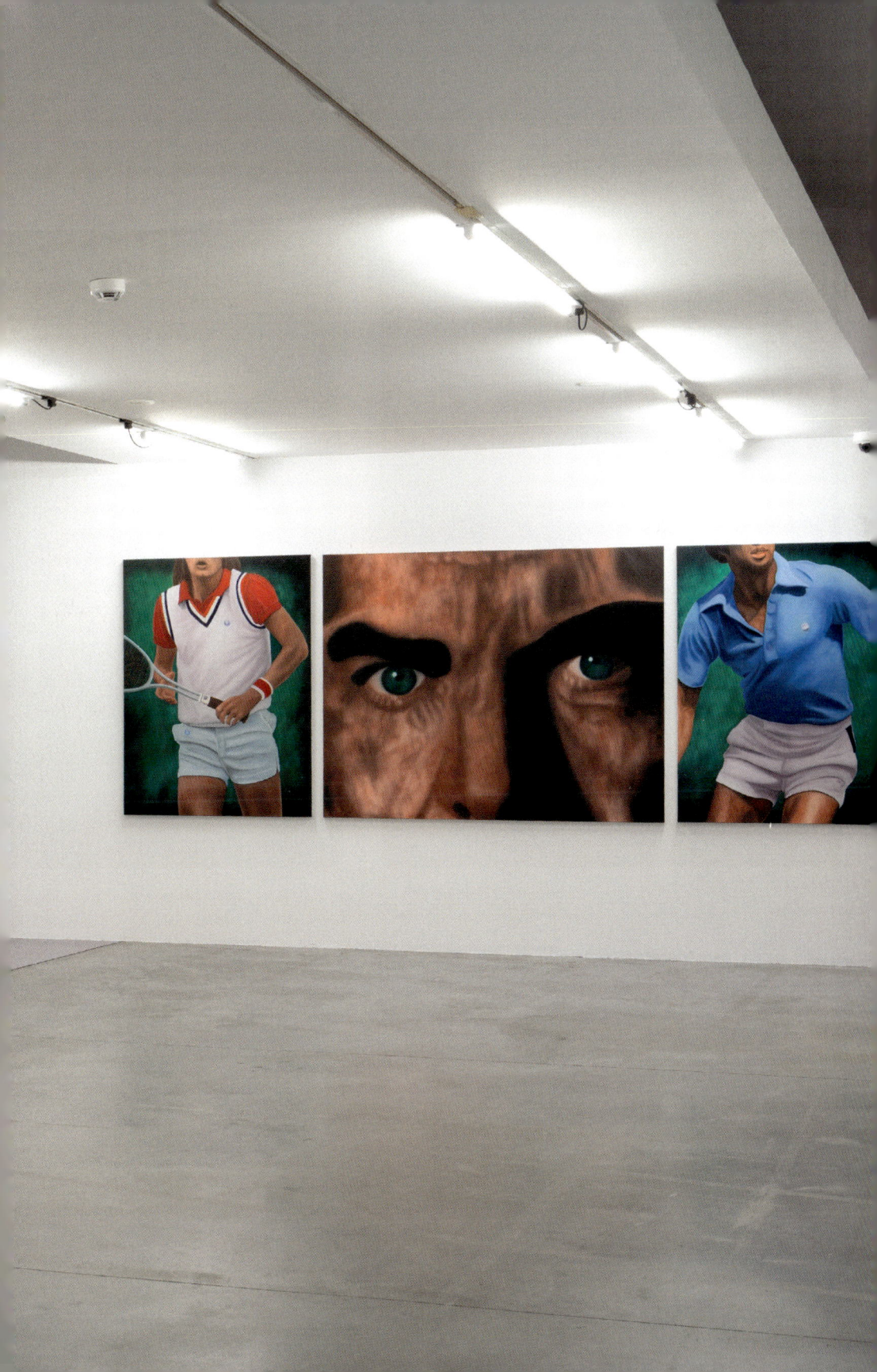

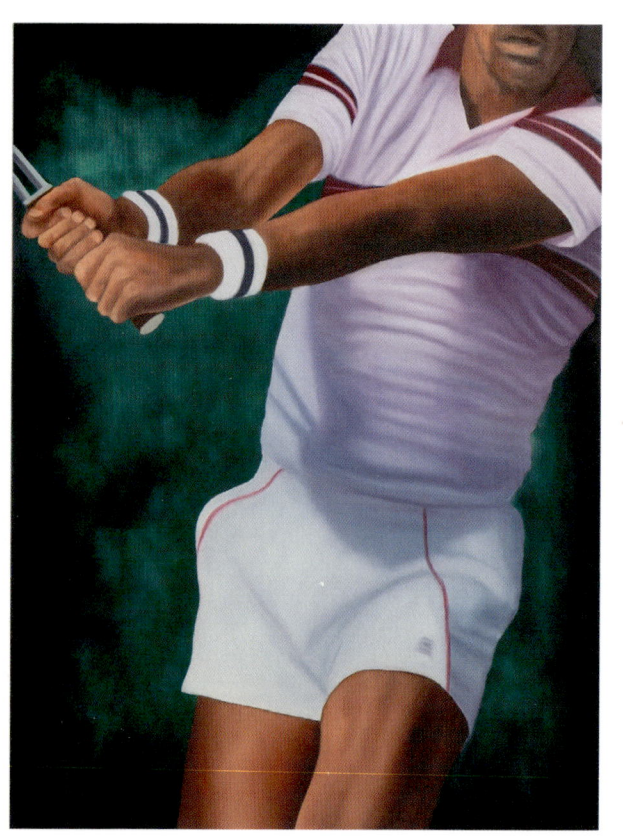
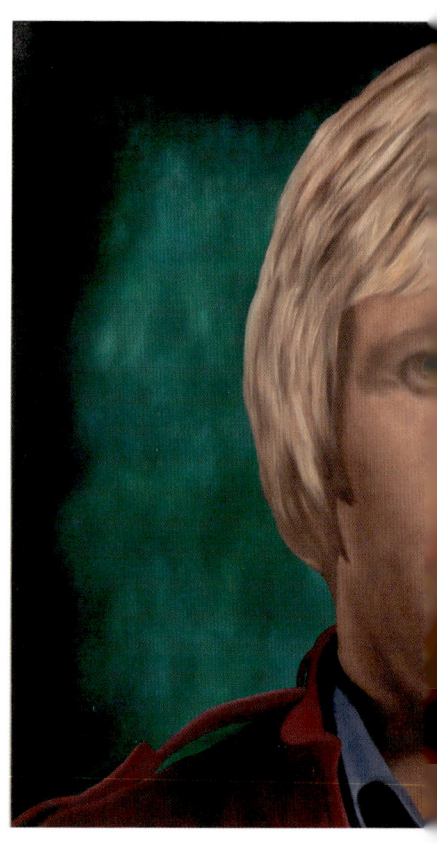

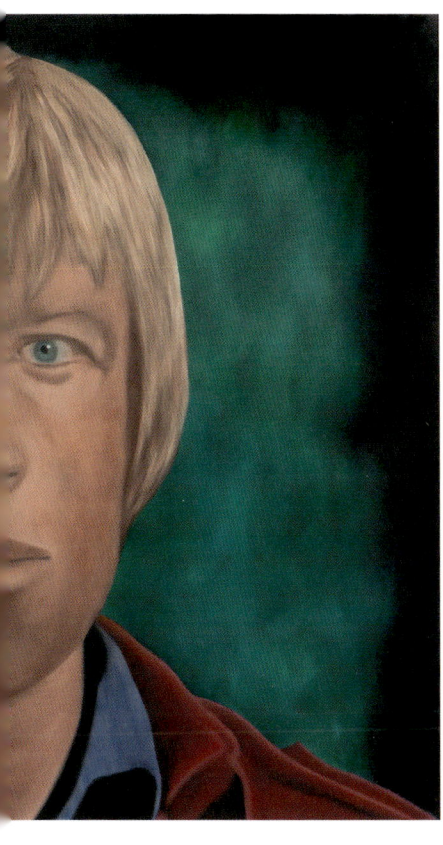
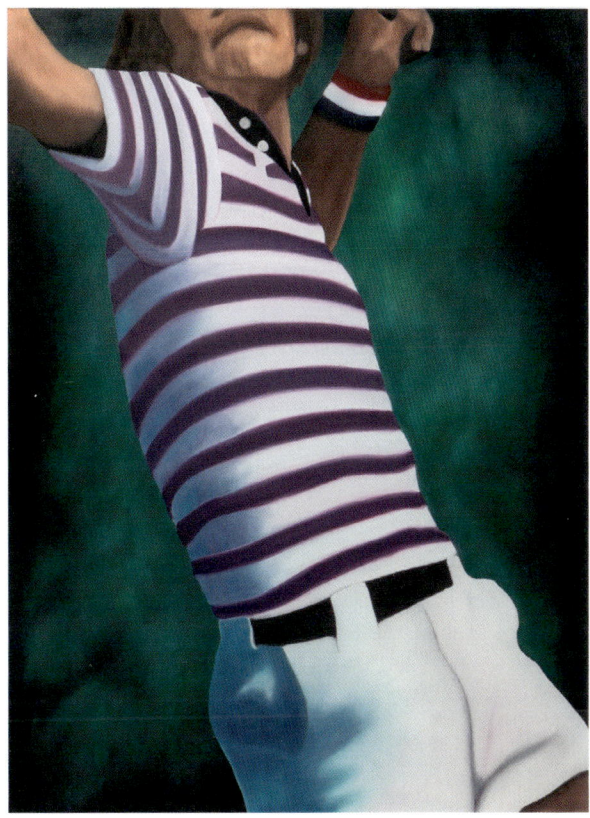

Jimmy Connors vs Roscoe Tanner (Semifinal), 2024.
Oli damunt lli, 130 x 97 cm; 130 x 162 cm i 130 x 97 cm (tríptic). Cortesia de l'artista

Jimmy Connors vs Roscoe Tanner (Semifinal), 2024.
Óleo sobre lino, 130 x 97 cm; 130 x 162 cm y 130 x 97 cm (tríptico). Cortesía del artista

Jimmy Connors vs Roscoe Tanner (Semifinal), 2024.
Oil on linen, 130 x 97 cm; 130 x 162 cm y 130 x 97 cm (triptych). Courtesy of the artist

CAST

JOSÉ FIOL. THE GREEN FOG

Raquel Victoria

El proyecto expositivo «The Green Fog» es, ante todo, una invitación abierta. Una invitación al espectador a construir nuevas narrativas a partir de los siete trípticos y una pieza sonora que componen la muestra. Nos activa, no solo como observadores pasivos, sino como cocreadores de historias; es por ello por lo que esta exposición, y la obra de José Fiol, nos interpela visual y conceptualmente. Las técnicas del *cut-up* y el montaje, inspiradas en el cine experimental y aplicadas a la pintura, rompen con la linealidad, obligándonos a abandonar la comodidad de las narrativas conocidas. Fiol provoca una constante tensión entre lo real y lo ficticio, entre el pasado y el presente, desafiando al espectador a cuestionarse la autenticidad de lo que observamos y a crear significados propios.

En la actualidad, la sociedad se enfrenta a una saturación visual derivada del constante flujo de imágenes provenientes de la publicidad y las redes sociales. Estas imágenes, diseñadas para un consumo rápido y efímero, moldean nuestra percepción de la realidad y limitan el espacio para la reflexión crítica. Ante esta situación, el artista José Fiol propone un enfoque alternativo basado en el reciclaje de imágenes. Su práctica consiste en trabajar con imágenes existentes, muchas veces olvidadas o descartadas, que han adquirido múltiples significados a lo largo del tiempo. Estas imágenes, de «tercera mano», son rescatadas y transformadas para darles una nueva vida y un propósito renovado. El reciclaje de imágenes no solo responde a una intención estética, sino también ética. Fiol se posiciona en contra de la sobreproducción visual y la «obsolescencia programada» de las imágenes modernas, promoviendo una reflexión sobre los valores culturales, históricos y emocionales que estas representan. Al reutilizar imágenes del pasado, su obra busca destacar la importancia de la memoria visual y su capacidad para generar nuevas narrativas.

En esta exposición en la sala D de Es Baluard Museu el artista mallorquín José Fiol entrelaza estos dos acontecimientos aparentemente inconexos a través de sus pinturas: la final de Wimbledon de 1975 y la reinterpretación cinematográfica de *Vértigo* (1958) en la película experimental *The Green Fog* (2017), dirigida por Guy Maddin. Fiol utiliza estos eventos como punto de partida para sumergirse en su análisis y vinculación mediante la técnica del *cut-up*, fragmentando y recomponiendo elementos para crear nuevas narrativas y significados. Al recorrer esta exposición, no solo contemplamos; nos encontramos con un espacio de cuestionamiento, donde la pintura se transforma en un vehículo para la introspección y la producción de nuevas ideas. Es un llamado a la acción creativa, a reimaginar el pasado y el presente, y a construir juntos nuevas realidades, nuevas historias.

La final de Wimbledon de 1975 es una de las más icónicas en la historia del tenis, no solo por el juego que se desplegó en la pista, sino también por el contexto que rodeó a los dos protagonistas: Arthur Ashe y Jimmy Connors. Este partido, además de un enfrentamiento entre dos grandes tenistas, fue una batalla cargada de tensiones personales y culturales. Arthur Ashe, a sus 31 años, era un veterano del circuito, conocido tanto por su elegancia en la pista como por su activismo fuera de ella. Ashe, que había sido una figura prominente en la lucha por los derechos civiles, se enfrentaba a un joven y enérgico Jimmy Connors, de 22 años, quien venía de un año espectacular en 1974, habiendo ganado los tres títulos de Grand Slam que disputó (Abierto de Australia, Wimbledon y el Abierto de Estados Unidos).

La victoria de Arthur Ashe en Wimbledon fue histórica por múltiples razones. En primer lugar, Ashe se convirtió en el primer hombre afroamericano en ganar el torneo más prestigioso del tenis, un logro que tuvo un profundo impacto social en una época donde las tensiones raciales aún eran palpables en Estados Unidos y en otras partes del mundo. Ashe, siempre consciente de su papel como pionero, dedicó su victoria no solo a su habilidad en la pista, sino también a su lucha por la igualdad. Otro motivo que hacía que esta final fuera especialmente intrigante no era solo la diferencia de estilos de juego y de generaciones, sino también la tensa relación personal entre ambos jugadores. En 1974, Ashe y otros tenistas de la ATP demandaron a Connors por 10 millones de dólares. Connors había decidido no unirse a la ATP y, en su lugar, firmó un contrato exclusivo con el promotor Bill Riordan, lo que creó un conflicto con la asociación que representaba a la mayoría de los jugadores profesionales. Ashe, como presidente de la ATP en ese momento, jugó un papel clave en esta disputa legal, lo que exacerbó la tensión entre ambos.

La final de Wimbledon de 1975 fue tanto un duelo táctico como psicológico. Ashe, consciente de que Connors era un jugador extremadamente agresivo, con potentes golpes desde la línea de fondo y un carácter impetuoso, decidió que la única manera de derrotarlo era mediante una estrategia cuidadosamente calculada. Ashe optó por ralentizar el ritmo del juego, era como si de alguna forma, en cada golpe cortara y pegara la bola en la pista de Connors, en lugar de enfrentarlo en su propio terreno. Todas estas estrategias de Ashe hacia Connors consiguieron que se desconcentrara. Tras el partido, Connors comentó: «No podía quitarme esa niebla de la cabeza».

Esa misma niebla, junto con la técnica estratégica del *cut-up* y el montaje, se hace presente en el filme *The Green Fog*, aportando una atmósfera intrigante y fragmentada que redefine la narrativa original. Esta es una película experimental de 2017 dirigida por Guy Maddin, junto con Evan Johnson y Galen Johnson. La película es un homenaje y una reimaginación del clásico de Alfred Hitchcock *Vértigo* (1958), pero en lugar de ser una recreación directa, *The Green Fog* utiliza una técnica única de montaje.

The Green Fog no contiene material filmado específicamente para la película. En su lugar, se compone completamente de clips de películas, programas de televisión y otros materiales visuales filmados en San Francisco, la ciudad donde se desarrolla *Vértigo*. El director Guy Maddin, conocido por su estilo surrealista y vanguardista, utiliza estos fragmentos de manera ingeniosa para reconstruir y reinterpretar la narrativa de *Vértigo*. Sin embargo, la historia no se cuenta de manera lineal ni convencional. Maddin juega con la estructura narrativa y la edición, creando una experiencia visual abstracta y meditativa. La película es un ejercicio en el arte del *remix*, donde las escenas se ensamblan para evocar emociones, atmósferas y temas similares a los de *Vértigo*, sin depender de una narrativa clara. El resultado es una especie de *collage* cinematográfico que explora la relación entre la memoria, el cine y el lugar.

El espacio D se transforma en un lienzo en blanco donde Fiol combina estos dos casos en un auténtico cóctel de *collage* pictórico, figurativo y conceptual. En su decisión curatorial, Fiol recrea la icónica final de Wimbledon de 1975 mediante estos trípticos que representan a los dos jugadores, divididos por un fotograma del filme *The Green Fog* (2017). La disposición de estas piezas sigue el desarrollo progresivo del torneo: desde los cuartos de final, pasando por las semifinales, hasta llegar al muro central, que se erige como el punto culminante del recorrido expositivo con la legendaria final entre Jimmy Connors y Arthur Ashe.

Más allá de esta elección de presentación de las obras, podríamos decir que la conexión entre la final de Wimbledon de 1975 y la película *The Green*

Fog no es directa ni evidente a simple vista, pero se pueden establecer algunas relaciones a nivel temático y estilístico, especialmente en cuanto a cómo ambas obras se relacionan con la idea de la memoria, la reinterpretación y el uso del archivo. Si tuviéramos que hacer un listado de estas conexiones resaltaría la necesidad de generar una lista comparativa donde se expongan las características coincidencias entre ellos.

Empezaría resaltando temas contextuales como periodos y memorias. Ambas obras, aunque en medios y contextos diferentes, comparten la intención de revisitar el pasado para desmantelarlo y reconstruirlo bajo una nueva luz. La final de Wimbledon de 1975 y *The Green Fog* desafían al público a considerar cómo la memoria y la narrativa pueden ser manipuladas, ya sea a través de la estrategia deportiva o del montaje cinematográfico, generando una nueva comprensión de lo que parecía ya conocido y sorprendiéndonos y cuestionándonos.

Otro encuentro clave en este nuevo diálogo que nos presenta Fiol es en relación a la reinterpretación y psicología que encontramos en ambos acontecimientos. Durante la final, Ashe venció a Connors usando una estrategia inesperada, basada en variaciones de ritmo y cambios tácticos, en lugar de recurrir a la potencia física, que era la estrategia más común. Esta forma de «reinterpretar» el juego, utilizando un enfoque estratégico en lugar de una fuerza bruta, tiene resonancias con el enfoque de *The Green Fog*, que reinterpreta una narrativa familiar (la de *Vértigo*) mediante el *collage* y la recombinación de fragmentos visuales.

Por otro lado, la película rehace una historia ya conocida, pero lo hace a través de un método completamente diferente: en lugar de recrear o filmar de nuevo, utiliza imágenes de archivo para construir algo nuevo, distorsionando y recontextualizando lo que el espectador ya conoce. Además, adentrándonos en la trama de la misma, en *Vértigo* aparece el uso de la mentira como estrategia de manipulación. Si recordamos el personaje de Elster, usa la enfermedad del vértigo de Scottie para poder «justificar» el asesinato de su mujer.

Estas características desembocan en otras como son la nostalgia y el uso del archivo como parte de la temática vehicular de este proyecto. Como en anteriores ocasiones, José Fiol se sumerge en un sentimiento de nostalgia archivística y nos presenta dos nuevos protagonistas. La final es parte de la nostalgia deportiva, siendo un partido que se recuerda no solo por el resultado, sino por lo que representaba en su tiempo y lo que aún simboliza. Este tipo de eventos suelen ser revisados y recordados en los medios, similar a cómo *The Green Fog* revisita y repasa un cúmulo de imágenes del pasado. La película explora cómo se percibe el pasado a través de los fragmentos y las imágenes. Se podría decir que es una película que construye sobre las memorias colectivas del cine, como Ashe construyó su victoria en Wimbledon sobre la base de su conocimiento y experiencia acumulada en el tenis.

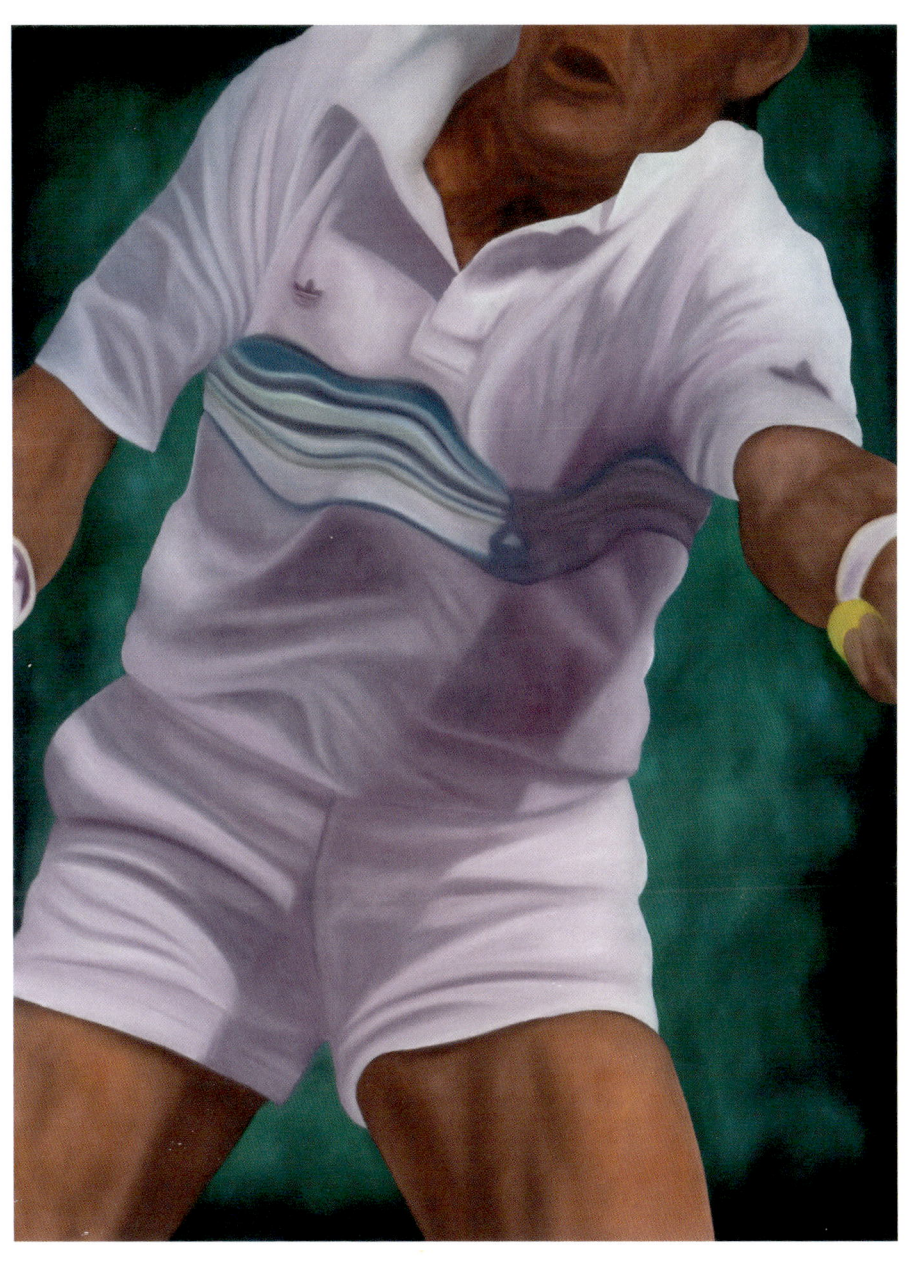

Arthur Ashe vs Tony Roche (Semifinal), 2024. Detall / Detalle / Detail

Si nos vamos a características técnicas como la colorimetría podemos encontrar un protagonista en ambos casos: el verde. Este es crucial en el tenis, destacando en las pistas de césped, como las de Wimbledon, que ofrecen una superficie rápida y tradicional. También se usa en pistas artificiales para contrastar con las pelotas amarillas neón, facilitando su visibilidad. Algo que también sucede en *The Green Fog*, tanto en la versión de 2017 como en la original de 1958, donde el verde es un color que toma mucha importancia en la trama detrás de *Vértigo*. En el ensayo *Vértigo y pasión. Un ensayo sobre la película* Vértigo *de Alfred Hitchcock*, Eugenio Trías recuerda sobre la relación del verde con el personaje de Judy:

> Luces de color verde esmeralda que se avienen a la perfección con el colorido chillón que se puede asociar con la muchacha. Verde es el traje que lleva Judy la primera vez que se encuentra con Scottie. Esas luces de neón, en un momento mágico de la cinta, sirven para aurolear [*sic*] de electricidad ionizada el cabello y la frente de Scottie; y sobre todo su mirada, poseída por el deseo. Eso ocurre justo en el instante crucial en que se produce la escena suprema del rito de la transfiguración: cuando Judy se metamorfosea radicalmente en Madeleine, consumando su resurrección «de entre los muertos», adelantada por un halo *surreal* de color verde. Verde es, en efecto, el color apropiado para toda metamorfosis. Color de la memoria (del pasado) y de la esperanza (de su rescate y resurrección).[1]

Tanto en el deporte como en el cine, el verde emerge como un color cargado de significado, subrayando la conexión entre la estética visual y la narrativa emocional.

Estas veintiuna pinturas nuevas de José Fiol absorben las conexiones anteriormente comentadas y abren la posibilidad al espectador para crear otras muchas por sí mismo. Encontramos relaciones con ambos sucesos tanto en la conceptualización de la imagen como en los procesos metodológicos y técnicos del artista.

En el aspecto del trato de la imagen, Fiol utiliza la misma técnica del *cut-up* de Maddin aplicada en su obra visual, y establece un diálogo entre el cine y la pintura. Inspirado por *The Green Fog*, Fiol emplea la resignificación de imágenes para construir nuevas narrativas que desafían las convenciones establecidas. Así como Maddin deconstruye *Vértigo* para ofrecer una visión renovada, Fiol descompone eventos históricos, como la final de Wimbledon de 1975, y los recontextualiza junto a elementos del *collage* cinematográfico de Maddin.

---

1. Trías, E. *Vértigo y pasión. Un ensayo sobre la película* Vértigo *de Alfred Hitchcock*. Barcelona: Galaxia Gutenberg, 2007.

Este método de recomposición se convierte en la base conceptual sobre la que José Fiol desarrolla su propio proyecto artístico. Al igual que en *The Green Fog* (2017), donde las imágenes desarticuladas generan nuevas asociaciones y significados, en la obra de Fiol las imágenes históricas se transforman en un catalizador para reflexionar sobre cómo la historia puede ser reconstruida y resignificada a través del arte. Fiol lleva esta práctica aún más lejos en una de las piezas clave del proyecto, *Quiet Please (2025)*. A lo largo del recorrido por el panel de trípticos dedicado a la final de Wimbledon, el espectador es envuelto por un acompañante intangible: el sonido. Como complemento a las obras visuales, Fiol incorpora una creación sonora que actúa como una obra independiente. Este paisaje auditivo se concibe como un «partido» simbólico entre los dos protagonistas –la final de Wimbledon y el filme de Maddin–, donde las voces de ambos intentan emerger y susurrar, estableciendo un diálogo entre ellas.

Encontramos también conexiones con la metodología y obra de José Fiol en su exploración de la mentira como concepto central. En *The Green Fog* y en ciertas técnicas de desconcentración en el tenis, la mentira y el engaño a través de la ficción juegan un papel crucial. Fiol incorpora esta idea en su trabajo al introducir elementos que, aunque parecen auténticos, en realidad son construcciones ficticias. La mentira se convierte en una herramienta de creación, un medio para desestabilizar la percepción del espectador y llevarlo a cuestionar la veracidad de lo que observa. Al igual que un tenista que distrae a su oponente con una falsa maniobra, Fiol desvía la atención de la «verdad» para explorar la riqueza de las múltiples interpretaciones posibles. La relación entre ficción y realidad es un eje clave en la obra de Fiol. En estas pinturas, el vestuario de los personajes representados no se corresponde necesariamente con el que usaron en la realidad, sino que es una recreación que introduce una capa de ficción dentro de la narración histórica. En este caso, la mentira de la vestimenta se transforma, se corta y se adhiere a otra superficie, el cubo blanco. Este elemento evoluciona para integrarse como parte de la obra de Fiol, rindiendo homenaje al tradicional vestuario de Wimbledon. Esta intervención en el vestuario subraya el poder del arte para reinterpretar la historia, sugiriendo que la verdad puede ser tan maleable como el propio tejido del lienzo.

Otro punto en relación a los procesos metodológicos de Fiol a destacar sería el uso del apropiacionismo de la memoria. La final de Wimbledon de 1975 se erige como un símbolo de nostalgia deportiva, un evento que perdura en la memoria no solo por el resultado, sino por su profunda significación en su contexto histórico y su relevancia actual. Este tipo de eventos, que son revisados y evocados constantemente en los medios, encuentran un paralelo en la manera en que *The Green Fog* de Guy Maddin explora la percepción del pasado a través de fragmentos y recuerdos visuales. Así como

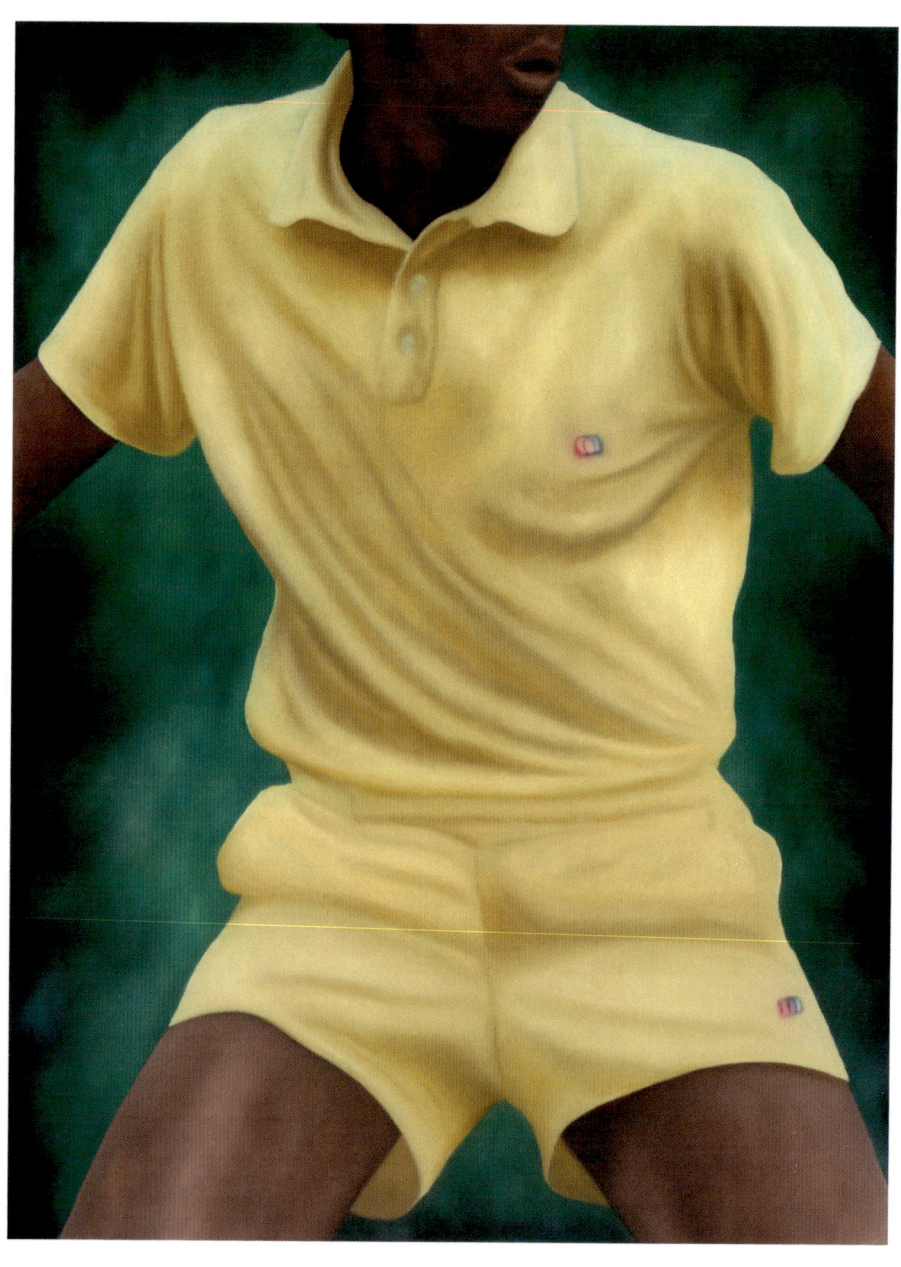

Arthur Ashe vs Tony Roche (Semifinal), 2024. Detall / Detalle / Detail

Ashe construyó su victoria en Wimbledon basándose en su experiencia acumulada y su profundo conocimiento del tenis, *The Green Fog* construye una narrativa cinematográfica a partir de la memoria colectiva del cine, reelaborando imágenes del pasado para crear nuevas significaciones. De manera similar, Fiol utiliza estos referentes históricos y cinematográficos para recontextualizar y resignificar eventos del pasado en su obra, invitando al espectador a reflexionar sobre cómo se construye y se percibe la memoria tanto en el arte como en la vida. Esta práctica no es una novedad en la obra de Fiol, el uso de la nostalgia y del archivo es algo que forma parte de la definición de su obra. Lo podemos ver en proyectos pasados como «Heart-Shaped Box» (2019) y «MacGuffin» (2022).

Con estas claves, conexiones y reflexiones sobre el imaginario, la producción y metodología de José Fiol, invitamos al espectador a hacer un ejercicio activo de interpretación. La obra, como un juego de piezas que se desplazan, ya no depende solo de la visión del creador, sino de la interacción directa con el público. Es vuestro turno de mover ficha. Esta es, en última instancia, una invitación al pensamiento crítico y a la reconfiguración. Tal como mencioné al inicio, este proyecto no busca ofrecer respuestas definitivas, sino generar un espacio de exploración donde cada quien pueda redibujar el significado a partir de su experiencia personal. Al igual que en cualquier invitación, lo que aquí se presenta es solo un punto de partida. Las pistas, los gestos, las conexiones visuales y conceptuales son las semillas de una reflexión que crece con cada mirada que se posa sobre la obra. No es un acto unidireccional, sino un encuentro donde el espectador, con su bagaje y perspectiva, tiene el poder de transformar y enriquecer lo presentado.

Así, este proyecto se convierte en un ejercicio colaborativo, una conversación abierta entre el arte y el público. Vuestra reinterpretación es fundamental para que la obra cobre una nueva vida, se despliegue en múltiples direcciones y siga creciendo más allá de los límites del espacio físico. La obra ya no es solo lo que está colgado o dispuesto en el espacio, sino lo que sucede cuando el espectador se involucra y se convierte en parte activa de su existencia.

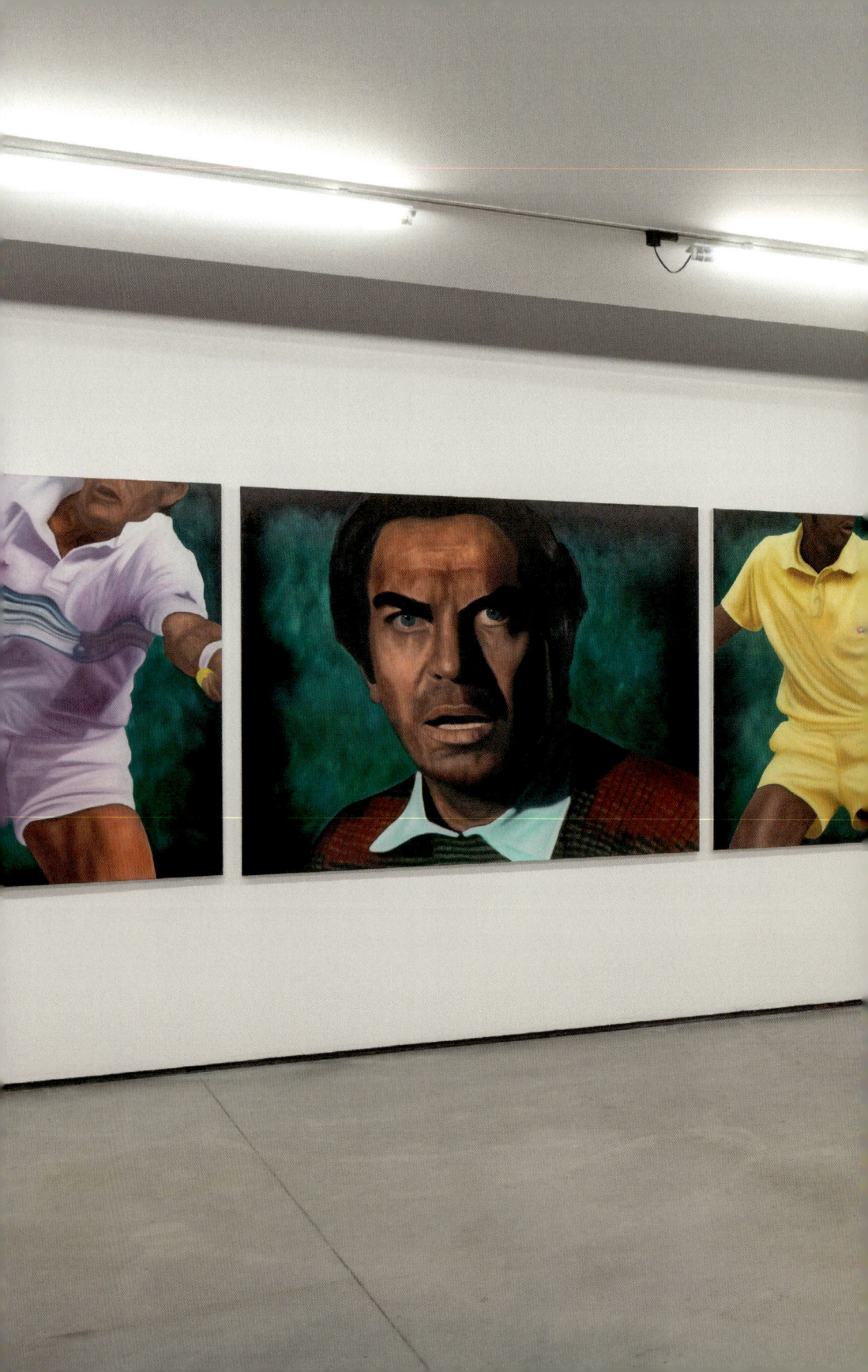

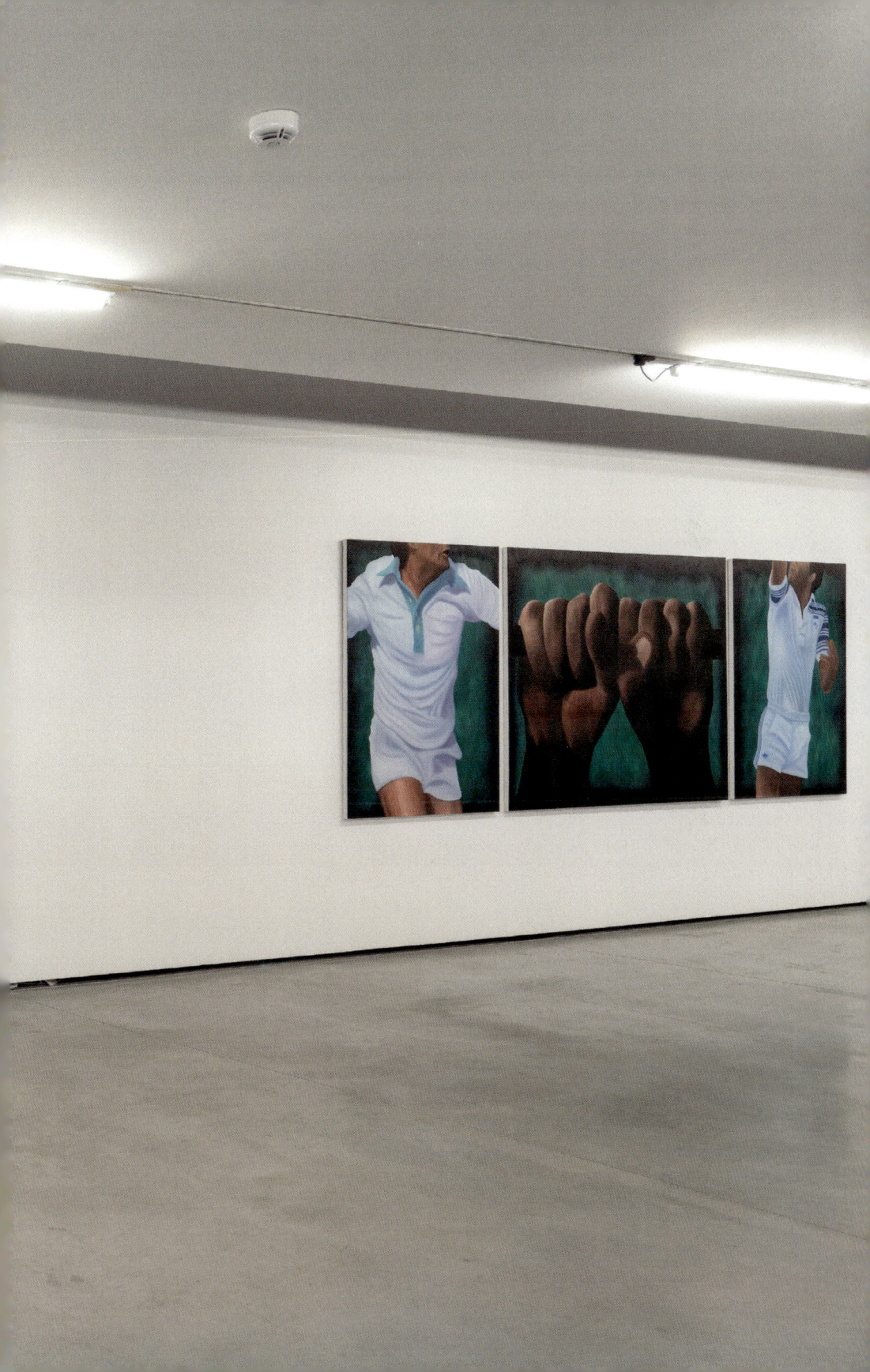

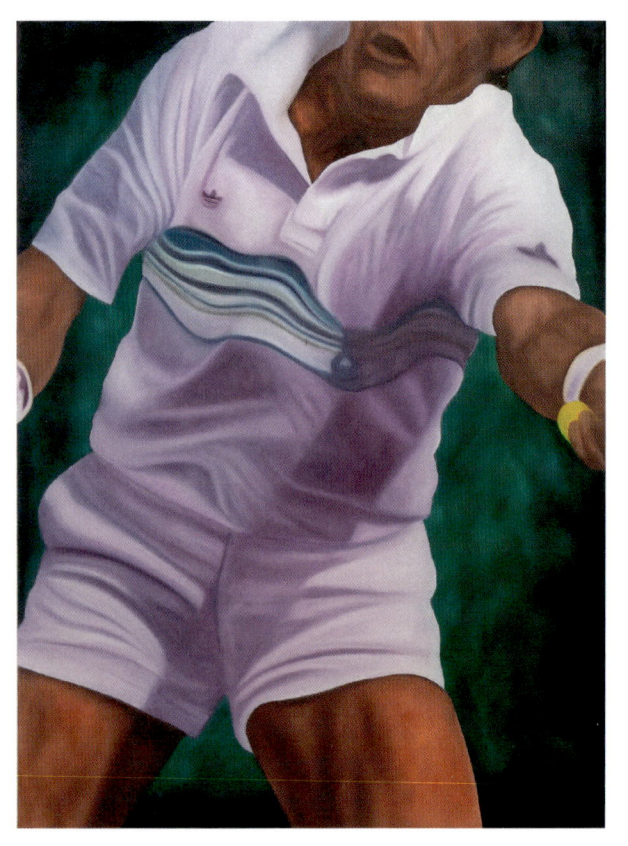
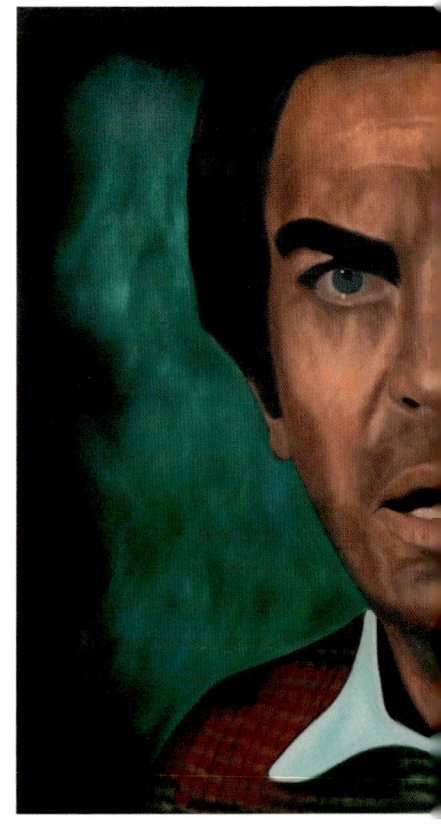

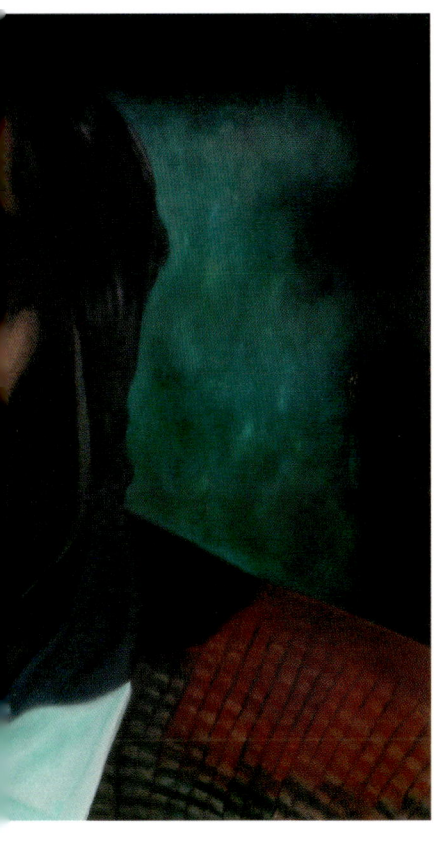
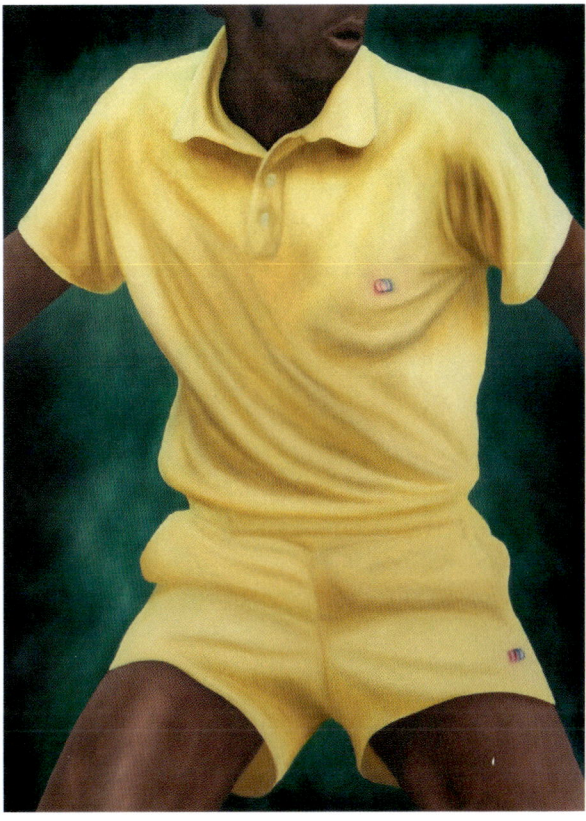

Arthur Ashe vs Tony Roche (Semifinal), 2024.
Oli damunt lli, 130 x 97 cm; 130 x 162 cm i 130 x 97 cm (tríptic). Cortesia de l'artista

Arthur Ashe vs Tony Roche (Semifinal), 2024.
Óleo sobre lino, 130 x 97 cm; 130 x 162 cm y 130 x 97 cm (tríptico). Cortesía del artista

Arthur Ashe vs Tony Roche (Semifinal), 2024.
Oil on linen, 130 x 97 cm; 130 x 162 cm and 130 x 97 cm (triptych). Courtesy of the artist

JOSÉ FIOL. THE GREEN FOG

Raquel Victoria

The exhibition project "The Green Fog" is above all an open invitation. It invites the viewer to construct new narratives on the basis of the seven triptychs and the sound piece that comprise the show. It activates us, as passive observers and as co-creators of histories as well. This is why the exhibition, and the work of José Fiol itself, seek to connect themselves with us, visually and conceptually. Cut-up and editing techniques, inspired by experimental cinema and applied to painting, break with linearity, obliging us to leave aside the comfort of familiar narratives. Fiol activates a situation of ongoing tension between what is real and what is fictitious, between past and present, challenging viewers to question the authenticity of what is observed while coming up with meanings of their own.

Nowadays, society must deal with visual saturation, a result of the constant flow of imagery coming from advertising and social media. These images, designed for fast, ephemeral consumption, shape our perception of reality and restrict space for critical reflection. In these circumstances, the artist José Fiol proposes an alternative take, based on the image recycling. His practice consists of working with existing images, which in many cases have been forgotten or discarded, while taking on multiple meanings over time. These "third-hand" images are rescued and transformed to give them new life and revived purpose. The recycling of images does not only correspond to an aesthetic intention, but also to one of an ethical nature. Fiol sets himself in opposition to visual over-production and the "built-in obsolescence" of modern images, encouraging reflection on the cultural, historical and emotional values they represent. By reusing images from the past, his work seeks to highlight the importance of visual memory and its capacity to create newfound narratives.

For this show in Exhibition Hall D of Es Baluard Museu, Mallorcan artist José Fiol intertwines two apparently disconnected events through his paintings: the 1975 Wimbledon tennis final, and the cinematic reinterpretation of *Vertigo* (1958) in the experimental film *The Green Fog*, directed by Guy Maddin. Fiol wields these events as a starting point for his committed analysis and connection through cut-up technique, disarticulating and recomposing features in order to create new narratives and meanings. As we move through the exhibition, we are not only contemplating; we find ourselves in a space for query, where painting is transformed into an instrument of introspection and the production of new ideas. It is a call to creative action, favouring the reimagination of past and present as we conjointly build new realities, new narratives.

The 1975 Wimbledon final was one of the most iconic finals in the history of tennis, and not solely for the play on the court. It was equally distinguished by the context involving the players, Arthur Ashe and Jimmy Connors, two greats of the game, face to face in a battle charged with personal and cultural tensions. At the age of 31, Arthur Ashe was a veteran on the tennis circuit, and was known especially for his elegance on the court and activism off of it. Ashe had acquired a leading profile in the struggle for civil rights. He was up against a young, energetic Jimmy Connors, who at 22 years old was coming off a spectacular 1974, having won the three Grand Slam tournaments he had played in (Australian Open, Wimbledon and the US Open).

The Arthur Ashe win at Wimbledon was historical for numerous reasons. First of all, Ashe became the first Afro-American player to win the most prestigious tournament in tennis, an achievement that had a powerful social impact at a time when racial tension was still very real in the United States and other parts of the world. Ever aware of his pioneering role, Ashe attributed the win to his skill on the court and his struggle for equality. Another factor that made the final especially intriguing was the difference in style and age between the players, heightened by their strained personal relationship. In 1974, Ashe and other tennis players in the ATP filed a lawsuit against Connors for 10 million dollars. Connors had chosen not to join the ATP, opting instead to sign an exclusive contract with the promoter Bill Riordan, a source of conflict with the association that represented the vast majority of professional players. As the president of the ATP at the time, Ashe played a key role in this legal dispute, raising the tension between them.

The 1975 Wimbledon final was both a tactical and a psychological duel. Ashe was aware that Connors was an incredibly aggressive player, with imposing baseline play and an impetuous character, so he decided that the only way to defeat him would be with a carefully calculated strategy. He chose to slow down the pace of play; it was as if on each rally, with each stroke, he was able to cut and paste the ball onto Connors's court, avoiding any confrontation on his rival's terms. All of these strategies employed by Ashe ended up distracting Connors, who after the match would state: "I could not get that fog out of my head."

That same fog, along with the technical strategy using cut-up and the editing, are present in the film *The Green Fog* (2017), giving it an intriguing, fragmentary ambience that redefines the original narrative. This experimental film project from 2017 was directed by Guy Maddin, in collaboration with Evan Johnson and Galen Johnson. It is conceived as an homage and reimagining of the Alfred Hitchcock classic *Vertigo* (1958); yet instead of recreating it directly, *The Green Fog* has its own unique editing technique.

The Green Fog does not contain any footage shot specifically for the film. Instead, it is made up entirely of film clips, TV programmes and other filmed material shot in San Francisco, the city where *Vertigo* takes place. Director Guy Maddin, who is known for his surrealist avant-garde style, uses these film fragments deftly to reconstruct and reinterpret the plot of the original *Vertigo*. In this case, however, the story is not told in linear fashion, nor in a conventional manner. Maddin plays with the narrative structure and the editing, creating an abstract, meditative visual experience. His film is an exercise in the art of remixing, where scenes are spliced together to conjure emotions, atmospheres and subject matters that are similar to those found in *Vertigo*, although without relying upon a clear narrative. The result is a kind of cinematographic collage that explores the relationship between memory, cinema and place.

Exhibition Hall D of the museum is transformed into a canvas, where Fiol mixes these two cases into a veritable cocktail, a pictorial, figurative and conceptual collage. In his curatorial process, Fiol recreates the iconic 1975 Wimbledon final by means of triptychs representing the two players, divided by a film still from the movie *The Green Fog*. The layout of the pieces takes its cue from the progressive advancement of the tournament itself: from the quarter finals, to the semis, then ultimately getting to the central wall, which is the culminating point of the exhibition's narrative, featuring the legendary final between Jimmy Connors and Arthur Ashe.

Quite apart from this choice in the presentation of the pieces, it could be said that the connection between the 1975 Wimbledon final and *The Green Fog* is neither direct nor evident at first sight. However, certain relationships can be derived on a thematic and stylistic level, especially in terms of how both works are related to the idea of memory, interpretation and archival use. If we were to do an indexation of these connections, it would highlight the need to create a comparative list where the coincidences between them might be elucidated.

It would begin by emphasising contextual subject matter, such as periods and memories. Both works, although created using different media and with contrasting contexts, share an intention to revisit the past so as to dismantle it, only to then reconstruct it in a new light. The 1975 Wimbledon final and *The Green Fog* challenge the public to consider how memory and narrative might be manipulated, whether by means of sporting strategy or film editing, giving rise to a new understanding of what might have previously seemed clear, thus surprising and intriguing us.

Another key encounter in this new dialogue presented by Fiol is the relationship between reinterpretation and psychology found in both events. During the final, Ashe defeated Connors by using an unexpected strategy, based on variations of pace and tactical shifts, instead of relying on physical prowess, which was the most habitual approach. This way of "reinterpreting" the game, using a strategic line of action instead of brute force, resonates with the emphasis in *The Green Fog*, which reinterprets a familiar plot (that of *Vertigo*) through collage and the recombination of visual shards.

Further to this, the film remakes a story that is already known, yet doing so through an entirely different method: instead of recreating it or filming it anew, it uses archival images to create something quite novel, distorting and recontextualising what the viewer is already familiar with. Besides, by exploring the plot of the film more attentively, we see how *Vertigo* uses untruth as a manipulative strategy. If we recall the character of Elster, he uses Scottie's debilitating fear of heights to "justify" the murder of his wife.

These characteristics lead to others, such as nostalgia and the use of archival material, as part of the working thematic of this project. As in previous efforts, José Fiol immerses himself in a feeling of archivistic nostalgia, presenting us with two new main characters. The final is part of sport nostalgia, as a match which is recalled not solely for the result, but also for what is meant at the time and still symbolises. This kind of event tends to be revised and revived by the media, just as *The Green Fog* revisits and reviews a set of images from the past. The film explores how the past is perceived by means of fragments and imagery. It might be stated that it is a film that builds over the foundation of collective memories of cinema, just as Ashe built his victory at Wimbledon over the foundation of his knowledge and experience as a tennis player.

If we focus now on technical traits, such as colouring, we find something that comes to the fore in both cases: green tones. This is crucial in tennis, as it is something we find on grass courts such as Wimbledon, a traditional fast surface. It is also found on artificial surfaces, as a way of intensifying the contrast with electric yellow tennis balls, making them more visible. It is also a tone we encounter in *The Green Fog*, but also in the 1958 film, where green is a colour that takes on major significance in the underlying plot of *Vertigo*. In his essay *Vértigo y pasión. Un ensayo sobre la película 'Vértigo' de Alfred Hitchcock* [Vertigo and Passion: An Essay on Alfred Hitchcock's 'Vertigo'], Eugenio Trías elaborates on the relationship between the Judy character and the colour green:

> Emerald green lights which go perfectly with the loud tones associated with the young woman. Judy wears a green suit the first time she meets with Scottie. Those neon lights, in a magical moment of the movie, give an aura of ionised electricity to Scottie's hair and forehead; they infuse his gaze, driven by desire. This takes place at the critical moment when the supreme scene of the transformation ritual takes place, when Judy is radically metamorphosed into Madeleine, fulfilling her resurrection "amongst the dead", announced by a surreal green halo. Green is, in effect, the appropriate colour for all kinds of metamorphosis. It is the colour of memory (the past) and of hope (its revival and resurrection).[1]

Both in sport and in cinema, green emerges as a tone charged with significance, underscoring the connection between visual aesthetic and emotional narrative.

These 21 new paintings by José Fiol absorb the previously mentioned connections and open up the possibility for viewers to create further connections themselves. We find relationships with both events in the conceptualization of the image, as well as in the methodological and technical processes of the artist.

When it comes to how images are treated, Fiol uses the same cut-up technique as Maddin in his visual work, setting up a dialogue between film and painting. Inspired by *The Green Fog*, Fiol employs the resignification of images to construct new narratives, able to defy established conventions. Just as Maddin deconstructs *Vertigo* on the path to a renewed vision of the film, Fiol decomposes historical events, like the 1975 Wimbledon final, and recontextualises them along with aspects of the cinematic collage wielded by Maddin.

This method of recomposing becomes the conceptual groundwork on which José Fiol develops his own artistic project. Just as in the film *The Green Fog*, where the disarticulated images give rise to new associations and meanings, in the work of Fiol historical images are transformed into catalysers

1. Trías, E. *Vértigo y pasión. Un ensayo sobre la película 'Vértigo' de Alfred Hitchcock*. Barcelona: Galaxia Gutenberg, 2007.

for reflection on how history might be reconstructed and resignified through art. Fiol takes this practice even further in one of the project's key pieces, entitled *Quiet Please* (2025). When moving in front of the panel of triptychs dedicated to the Wimbledon final, the viewer is surrounded by an immaterial companion: the sound. Complementing his visual production, Fiol includes a sound creation that functions as independent works. This soundscape is conceived as a symbolic match between the two main agents in the exhibition— the Wimbledon final and the Maddin film—where the voices of both strive to come to the surface, whispering, setting up a dialogue between them.

We also find connections with the methodology and work of José Fiol in his exploration of falsehood as a central concept. In *The Green Fog* and in certain distraction techniques in tennis, falsehood and trickery through fiction play a crucial role. Fiol brings this notion into his work by including aspects that, while seeming to be authentic, in reality are fictitious fabrications. Falsehood becomes an instrument of creation, a means by which to destabilise viewers' perception and lead them to question the veracity of what is being observed. Just as the tennis player might distract his opponent using a false manoeuvre, Fiol deflects attention from "truth" to explore the wealth of many possible interpretations. The relationship between fiction and reality is the key factor in Fiol's work. In these paintings, the clothing of the characters depicted does not necessarily correspond to what they were really wearing at a given time, but rather to a re-creation that inserts a layer of fiction into a historical narrative. In this case, therefore, the falsehood concerning clothing is transformed, then is cut out and attached to another surface, namely the white cube. This feature evolves to become part of Fiol's work, rendering homage to the traditional dress-code at Wimbledon. Intervening in clothing underscores the power of art to reinterpret history, suggesting that truth might be as malleable as the fabric of the painting's canvas.

Another aspect worthy of note, related to Fiol's methodological processes, would be his way of appropriating memory. The 1975 Wimbledon final stands out as a symbol of sporting nostalgia, an event that will endure in our memory. This is not just because of the result, but due to its profound meaning in that given historical context, and for its present-day relevance. This kind of event, reviewed and evoked constantly in the media, find its parallel in the way that Guy Maddin's *The Green Fog* explores the perception of the past through visual fragments and recollections. Just as Ashe put his victory together at Wimbledon on the basis of accumulated experience and deep understanding of the game of tennis itself, *The Green Fog* constructs a cinematographic narrative starting with the collective memory of film itself, reworking images from the past to created new meanings. Similarly, Fiol employs these historical and cinematographic references to recontextualise and re-signify past event in his work, inviting the viewer to reflect on how memory is constructed and perceived both in art and in life. This practice is by no means novel in the work of Fiol, as part of the very definition of his work is this use of nostalgia and the archive. This can be seen in previous projects, such as "Heart-Shaped Box" (2019) and "MacGuffin" (2022).

With these various keys, connections and reflections on the imagination, production and methodology of José Fiol, we invite the viewer to undergo an active exercise of interpretation. The work, like a game where the pieces are ever shifting, no longer depends on the creator's vision, but rather on direct interaction with the public. It is your turn to move. This is, ultimately, an invitation to critical thought and to reconfiguration. As we mentioned at the beginning of this text, the project does not seek to offer definitive answers, but rather to create an exploratory space where everyone might be able to redraft meaning from their own personal experience. Just as with any invitation, what is presented here is simply a starting point. The clues, gestures and visual and conceptual connections are the seeds of a reflection, which grows with each gaze that is directed towards the work. This is not a one-directional act, but an encounter where the viewer, with his or her own background and perspective, has the power to transform and enrich what is being presented.

This project thus becomes a collaborative exercise, an open conversation between art and the public. The viewer's reinterpretation is essential for the work to acquire new life, for it to unfold in various directions and continue to grow beyond the constraints of the physical space. The work is not just what is hung on the walls or arranged in the gallery, but is what happens when the viewer is involved, becoming an active part of its existence.

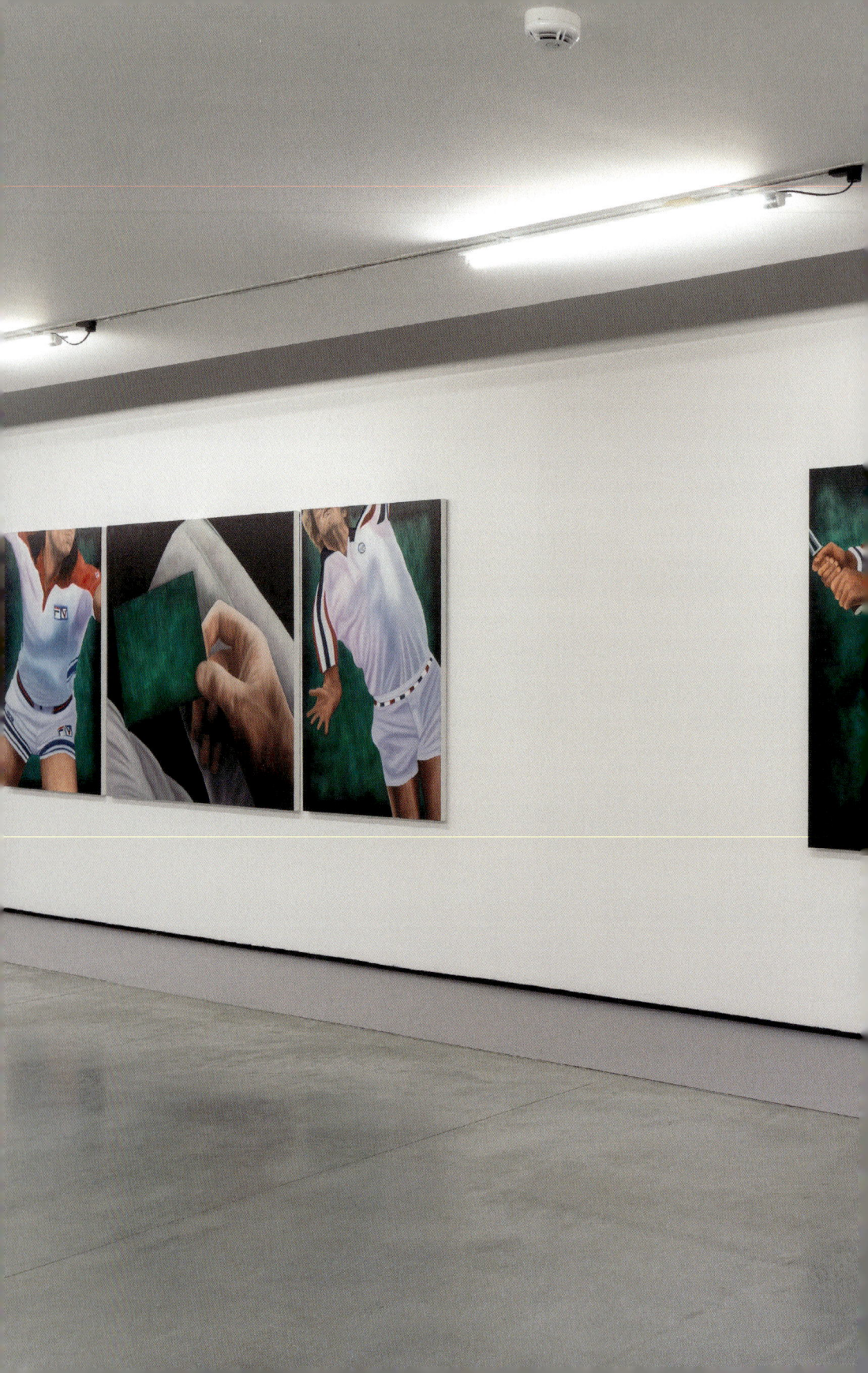

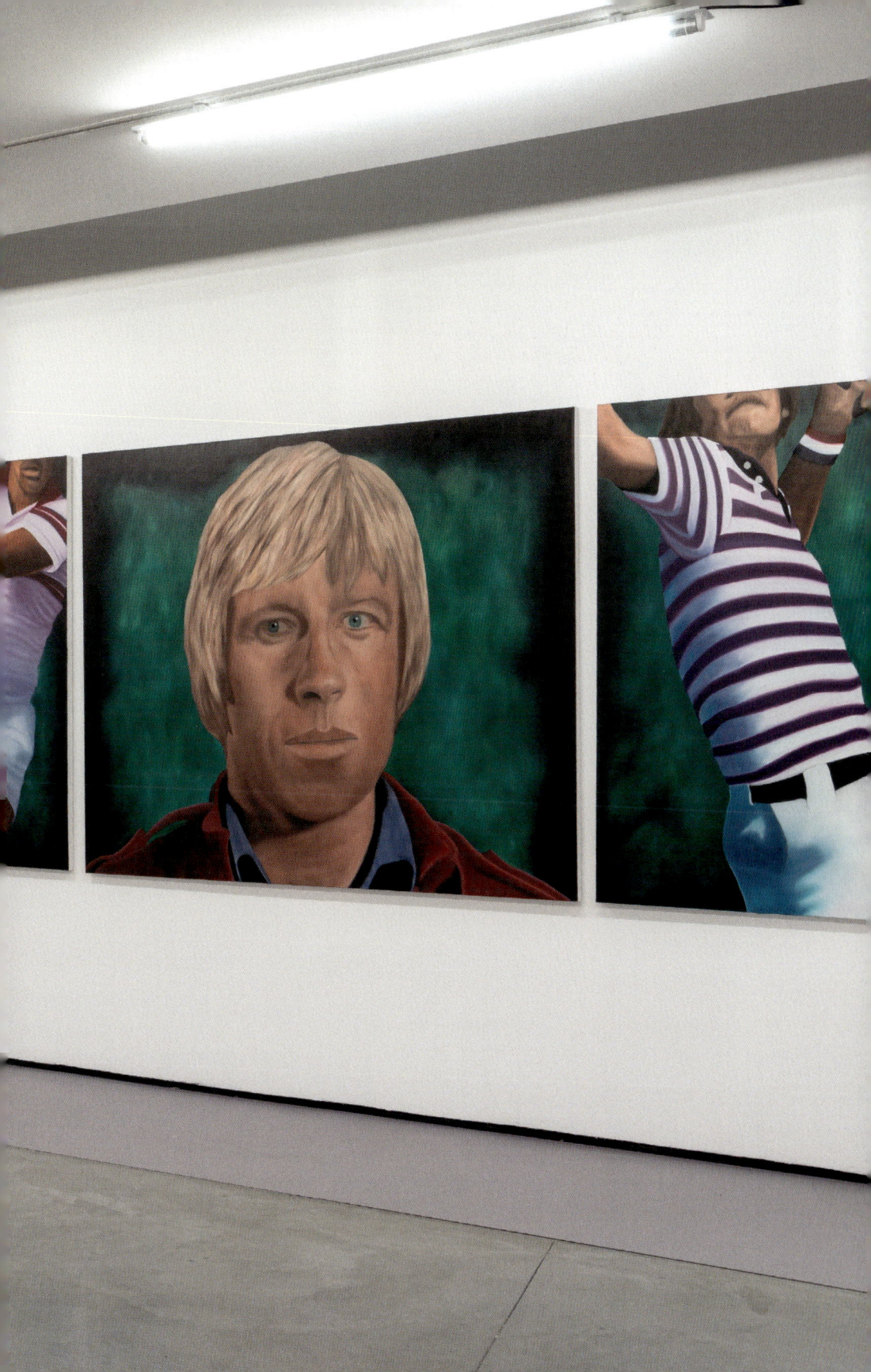

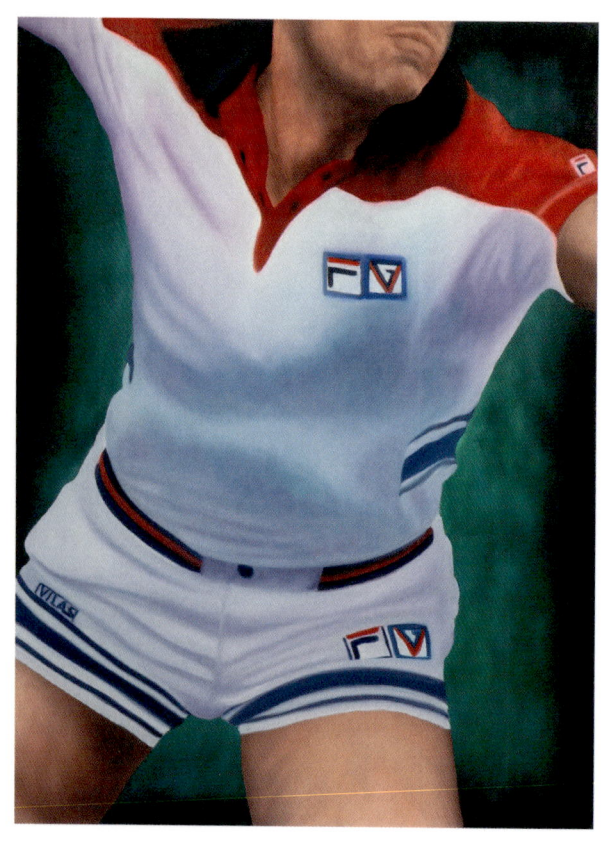

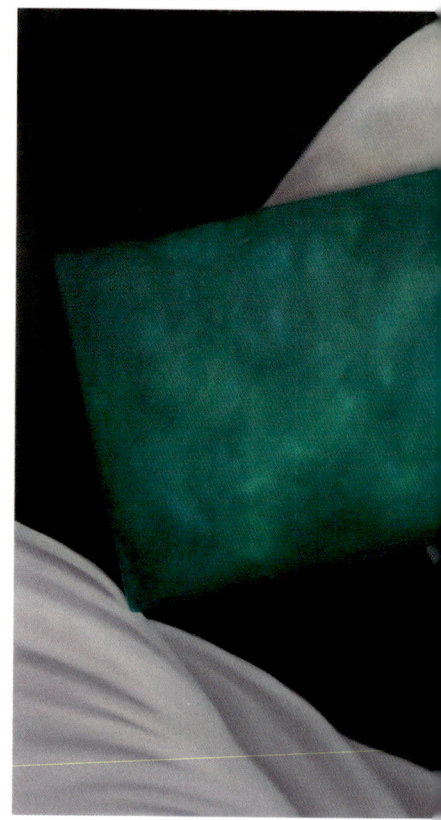

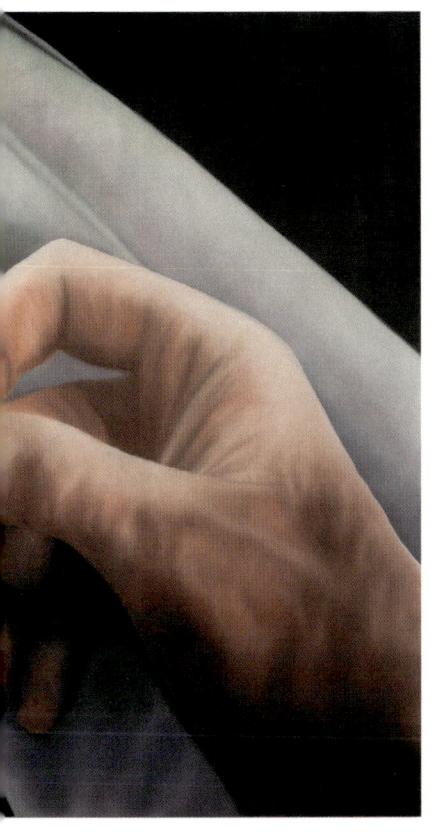
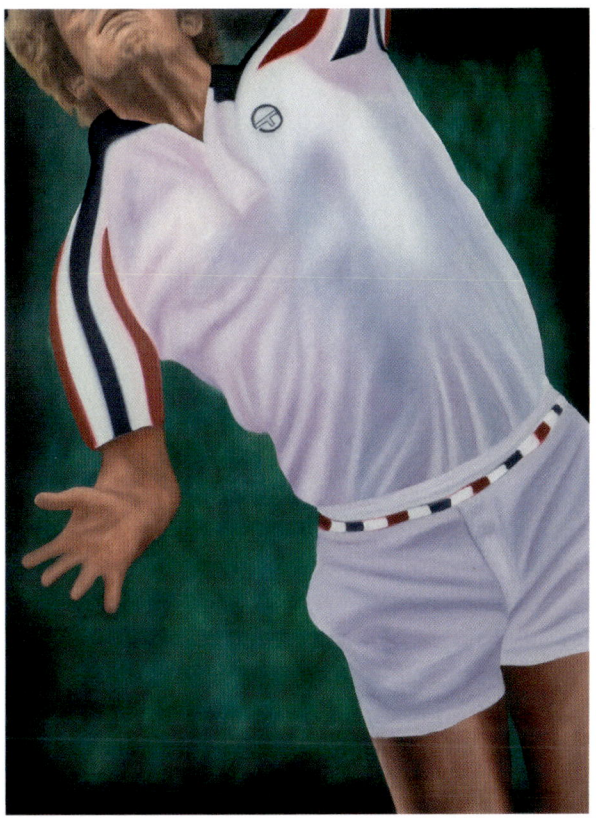

Guillermo Vilas vs Roscoe Tanner (Cuartos de final), 2024.
Oli damunt lli, 130 x 97 cm; 130 x 162 cm i 130 x 97 cm (tríptic). Cortesia de l'artista

Guillermo Vilas vs Roscoe Tanner (Cuartos de final), 2024.
Óleo sobre lino, 130 x 97 cm; 130 x 162 cm y 130 x 97 cm (tríptico). Cortesía del artista

Guillermo Vilas vs Roscoe Tanner (Cuartos de final), 2024.
Oil on linen, 130 x 97 cm; 130 x 162 cm and 130 x 97 cm (triptych). Courtesy of the artist

UN MAR DE BOIRA: JOSÉ FIOL I LA NOVA PINTURA D'HISTÒRIA

Miguel Ángel Hernández

No hi ha res més inquietant que intentar veure-hi a través de la boira. En la boira, les siluetes es desdibuixen, les ombres es mouen i els contorns perden nitidesa. L'atmosfera densa oculta els perfils, vela les figures i ens submergeix en el territori de la incertesa, on el que és fix es converteix en mòbil i el que és clar, en borrós. Davant un mar de boira no hi ha res que es mostri del tot. I la mirada requereix un esforç addicional: explorar els límits, imaginar sempre el que queda fora de la visió. Veure-hi en la boira, aleshores, és molt més que una mera acció física; es converteix en una experiència que mobilitza la imaginació i ens confronta amb allò que mai no podem aprehendre del tot.

A *L'air et les songes*, Gaston Bachelard relacionava alguns elements vaporosos, com el fum i la boira, amb la imaginació i la poesia.[1] Per al pensador francès, la boira no només oculta, també transforma. En dissoldre les formes, ens situa en un espai on allò visible es torna elàstic i mal·leable i permet que la imaginació projecti significats més enllà del que és aparent. En la boira, el que veim no és només allò que hi és, sinó també el que conjecturam. En aquest sentit, la boira no és un obstacle per a la mirada, sinó una oportunitat per explorar els marges de la percepció. Tal vegada per això, a les *Sis propostes per al pròxim mil·lenni*, Italo Calvino va reivindicar la lleugeresa com una qualitat alliberadora per a la literatura i l'art.[2] Quan les coses es desmaterialitzen o cobren lleugeresa, en sorgeix la dimensió poètica, que suggereix la possibilitat que hi hagi alguna cosa més enllà de la fisicitat. La boira, amb la seva qualitat etèria, encarna aquest esmorteïment de la forma: un espai on les certeses es dilueixen i ens trobam davant la necessitat d'interpretar.

Per alguna raó, sempre he associat la boira amb l'exercici de la història. La tasca de l'historiador no dista gaire del recorregut d'una figura a través d'un paratge cobert de broma. Davant l'historiador no es presenta un horitzó clar, sinó siluetes desdibuixades i contorns parcials; la seva missió és temptejar entre ombres i fragments per albirar un relat que mai no arriba a ser nítid del tot. Quelcom semblant intuïa Marc Bloch, qui, a l'*Apologie pour l'histoire ou métier d'historien*, descrivia l'historiador com algú que avançava entre «tenebres», guiat per vestigis incerts.[3] O Michel de Certeau, que parlava dels silencis i de les absències que aguaiten qui escriu la història: el que no es pot veure ni omplir, els espais buits que persisteixen com a ferides obertes en el relat del passat.[4] I, per descomptat, Walter Benjamin, per a qui l'historiador és algú que recull fragments d'un passat ruïnós i els munta en un present que mai no podrà capturar-ho tot.[5] La història, doncs, com la boira, és un espai d'opacitat i d'ambigüitat en què la veritat mai no es presenta de manera absoluta.

A «The Green Fog», José Fiol treballa amb aquesta boira del passat i explora un esdeveniment esportiu –la final de Wimbledon del 1975 entre

1. Bachelard, Gaston. *L'air et les songes*. París: Le Livre de Poche, 1992 [*El aire y los sueños*. México: Fondo de Cultura Económica, 1958].

2. Calvino, Italo. *Sis propostes per al pròxim mil·lenni*. Barcelona: Edicions 62, 2000.

3. Bloch, Marc. *Apologie pour l'histoire ou métier d'historien*. Malakoff: Dunod, 2024 [*Apología para la historia o el oficio de historiador*. Barcelona: Fondo de Cultura Económica, 2014].

4. De Certeau, Michel. *L'écriture de l'histoire*. París: Gallimard, 2002 [*La escritura de la historia*. México: Universidad Iberoamericana, 1999].

5. Benjamin, Walter. «Sobre el concepto de historia». A: *Obras*, llibre I, vol. 2. Madrid: Abada, 2008, p. 303-318 [*Sobre el concepte d'història*. Barcelona: Flâneur, 2019].

Arthur Ashe i Jimmy Connors–, i el connecta amb la pel·lícula experimental de Guy Maddin, Galen Johnson i Evan Johnson, que recrea *Vertigen*, el clàssic de Hitchcock, mitjançant l'ús d'escenes de pel·lícules i sèries de televisió filmades a San Francisco. A través de la pintura, Fiol no intenta reconstruir la història de manera lineal, ni oferir una versió definitiva d'aquests esdeveniments. Al contrari: fragmenta les imatges, les recombina i les converteix en un espai on el passat es presenta com quelcom inacabat, obert a la interpretació.

Des d'aquest punt de vista, podríem dir que Fiol actua aquí com una mena d'historiador, però no en el sentit de la historiografia clàssica, sinó en el del que Ernst van Alphen anomenà «nova historiografia», una concepció de la historiografia que, en lloc d'obstinar-se a dissoldre les boirines del passat, il·luminar les zones obscures i presentar una narrativa suposadament totalitzadora, ressalta el que roman confús, incomplet o, directament, incopsable.[6] Un «tomb historiogràfic» en l'art contemporani que rebutja la visió d'història entesa com un relat triomfal i homogeni i, en comptes d'això, la concep com un espai obert, ple de buits i contradiccions.[7]

A diferència del «tomb de la memòria» dels anys noranta, centrat en les experiències individuals i en els processos de record, el tomb historiogràfic s'interessa pels mecanismes col·lectius que construeixen la història com a relat. Crítics com Dieter Roelstraete, Mark Godfrey o Jacinto Lageira han estudiat amb solvència aquesta tendència com una forma particular d'«art d'història» en què els artistes treballen amb els materials del passat des d'una perspectiva crítica, conscients de la impossibilitat d'accedir plenament a aquest passat.[8]

En aquest marc, la pràctica de José Fiol es podria entendre com una forma contemporània de pintura d'història. Aquest gènere, que assolí l'apogeu al segle XIX, tradicionalment estava associat a l'exaltació de grans relats nacionals i a una visió heroica de la història. Com assenyala Peter Burke, els pintors d'història d'aquesta època no només representaven esdeveniments històrics; també eren, d'alguna manera, historiadors per dret propi, que

6. Van Alphen, Ernst. *Staging the Archive: Art and Photography in the Age of New Media*. Londres: Reaktion Books, 2014 [*Escenificar el archivo: arte y fotografía en la era de los nuevos medios*. Salamanca: Universidad de Salamanca, 2018].

7. He treballat aquesta qüestió de manera minuciosa a *Materializar el pasado: el artista como historiador (benjaminiano)*, Múrcia, Micromegas, 2012.

8. Roelstraete, Dieter. «After the Historiographic Turn: Currents Findings». *E-Flux*, 6, 2009; Godfrey, Mark. «The Artist as Historian». *October*, 120, 2007, 140-172; Lageira, Jacinto. *L'Art comme Histoire: Un entrelacement de poétiques*. París: Éditions Mimésis, 2016.

investigaven i reinterpretaven el passat des de la pintura.[9] Això no obstant, aquesta concepció heroica i monumental de la pintura d'història va entrar en crisi amb l'arribada de les imatges mecàniques –en primer lloc la fotografia, després el cinema–, que desplaçaren la funció representativa de la pintura cap a altres territoris.

Al llarg de les dues darreres dècades, la pintura d'història ha experimentat un cert ressorgiment, tot i que des d'una òptica diferent del seu sentit original.[10] Els artistes no volen ara reeditar epopeies patriòtiques, sinó que s'afanyen a qüestionar les narracions consolidades i a subratllar les zones obscures de l'arxiu històric. Ja no es tracta de consolidar grans relats ni d'imposar una visió autoritària del passat, sinó de treballar amb les fragmentacions i els silencis, amb els intersticis que deixen les narratives oficials.

Aquest nou enfocament se situa en l'encreuament entre història i memòria, entre allò documentat i allò imaginat. I és precisament aquí on l'obra de José Fiol adquireix un sentit rellevant. Encara que molts exponents d'aquest tomb es basen en arxius i en documents originals, Fiol ho fa principalment des de la pintura, i assumeix que aquest mitjà suposa, per si mateix, una interpretació que mai no pot ser exhaustiva. Ja en treballs anteriors, com «Reach for the Stars», dedicat a la tragèdia del transbordador Challenger i a l'espectacularització del desastre, Fiol experimentava amb imatges d'arxiu que reconfigurava en teles. No cercava reproduir-les tal qual, sinó generar un camp de percepció diferent, capaç de reactivar la memòria col·lectiva sense pretendre completar-la.

A «The Green Fog» aquesta perspectiva es radicalitza: la història no es representa; es fragmenta, es combina, es re-munta i es resignifica. A través de la boira verda que dona títol al projecte, Fiol no només vetlla el passat, sinó que el transforma en un espai de possibilitats interpretatives. Igual que la boira esborra contorns i siluetes, l'obra de Fiol ens obliga a mirar més enllà del que és evident i ens convida a participar activament en la construcció del sentit.

El treball de Fiol no pretén reconstruir el partit de Wimbledon del 1975 ni l'atmosfera de *The Green Fog* en termes literals. En comptes d'això, descompon i reconfigura aquests esdeveniments en un espai pictòric que no

9. Burke, Peter. *Eyewitnessing. The Uses of Images as Historical Evidence*. Ithaca: Cornell University Press, 2008 [*Visto y no visto. El uso de la imagen como documento histórico*. Barcelona: Crítica, 2001].

10. Aquest fenomen ha estat objecte d'exposicions com ara «El Fin de la Historia… y el retorno de la pintura de historia», comissariada per Paco Barragán (DA2, Salamanca, 2011), on es reflexionà sobre com alguns pintors contemporanis investiguen el passat per mostrar-ne les fissures més que per enaltir-lo.

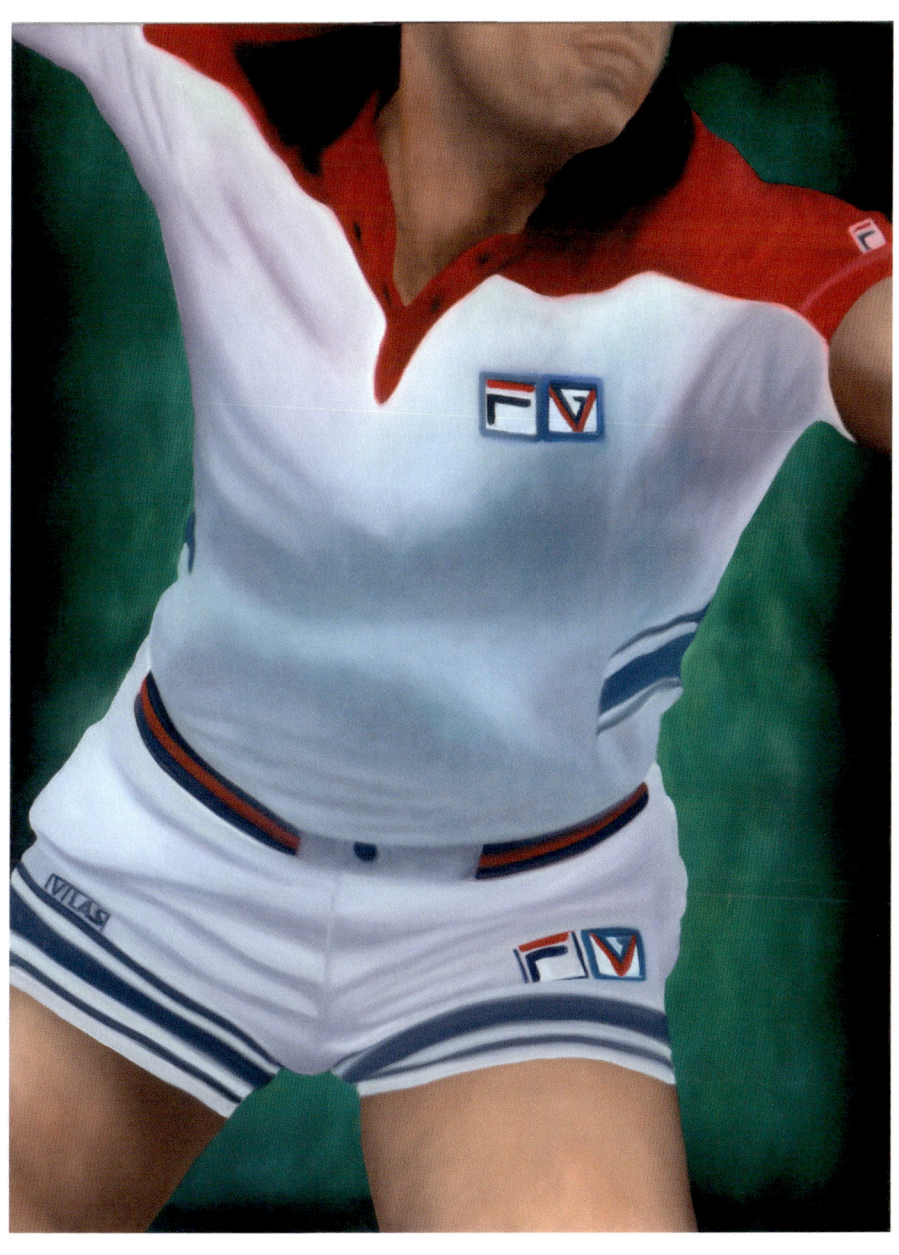

Guillermo Vilas vs Roscoe Tanner (Cuartos de final), 2024. Detall / Detalle / Detail

cerca la claredat, sinó la incertesa productiva. Les imatges fragmentades, els talls i els fora de camp generen un muntatge que recorda les tècniques del cinema experimental, però que troba en la pintura un mitjà únic per explorar la història. La pintura, en aquest cas, no és només un suport; és un llenguatge que permet alentir i espessir el temps, fer visible allò que en altres mitjans quedaria ocult.

#

Una de les constants en el tomb historiogràfic és l'atenció al document, entès com a pedra angular per interpretar el passat. Tot i això, són molts els artistes que han qüestionat la fiabilitat d'aquests arxius. Aquesta és la clau, per exemple, del treball de Joan Fontcuberta, que des de la teoria i la pràctica ha analitzat com les imatges fotogràfiques, presumptament veraces, poden manipular-se o llegir-se de maneres diverses.[11] Tota imatge, fins i tot aquella suposadament més documental, és travessada per la ficció. D'alguna manera, l'obra de Fiol es troba en sintonia amb aquest sentit construït i artificial de tota imatge. No descarta el document –les fotos de Wimbledon, els fotogrames de *The Green Fog*–, però el «tradueix» a la pintura, un mitjà que, per la seva naturalesa, introdueix una capa de subjectivitat i d'ambigüitat.

A les seves obres no hi ha una reproducció fidel, sinó fragments que es combinen, s'alteren i se superposen. Aquest procés posa en alerta l'aspiració de la història a l'objectivitat, a la vegada que obre la porta a noves interpretacions. Fiol insisteix en què és impossible accedir al passat de manera directa: cada aproximació és un encaix on conflueixen memòria, empremtes fragmentàries i decisions creatives. Així, la pintura es transforma en un laboratori per avaluar què veim i què deixam de veure quan intentam reconstruir un esdeveniment.

Aquesta tensió entre allò visible i allò invisible, allò evident i allò velat, és central en la pràctica artística de Fiol. A «The Green Fog» això apareix de manera rellevant en l'«enquadrament» de les figures, en aquest primer pla que deixa fora el rostre o les extremitats dels tenistes. Els fragments pictòrics semblen incomplets, com si el gest estigués en moviment però la càmera/pintura el capturàs només a mitges. Aquest *zoom* excessiu porta l'espectador a enfrontar-se al que queda fora de camp, més enllà del marc visible de la imatge.

El fora de camp al·ludeix no només al que no apareix en l'enquadrament, sinó a allò que suggereix i invoca, al que continua existint encara que no ho vegem. En aquest cas, el que queda fora ens recorda que cap representació pot capturar-ho tot, que sempre hi ha un espai invisible que condiciona la percepció. Aquest enfocament és especialment interessant si el comparam

11. Fontcuberta, Joan. *El beso de Judas: fotografía y verdad*. Barcelona: Gustavo Gili, 1996.

amb la manera en què el tenis es mostra a la televisió. En la retransmissió esportiva, tot és a l'abast de la mirada: la pista és estàtica, i esdevé petita i visible en la seva totalitat. Una hipervisibilidad que cerca eliminar qualsevol dubte o ambigüitat. Això no obstant, en l'experiència real del tenis, la percepció és radicalment diferent. Com observa David Foster Wallace al seu bell text sobre els «moments Federer», l'espectador en viu no ho pot veure tot.[12] Hi ha una visió fragmentària, determinada per la velocitat i la impossibilitat de fixar-se en tots els detalls. El tenis real, a la pista, genera una visió boirosa en què els cops se succeeixen tan ràpidament que l'ull a penes els pot seguir. Per a Foster Wallace, la pilota s'hi mou com un fantasma: ara és en un lloc i, gairebé sense transició, ja ha desaparegut i és en un altre lloc. Aquesta velocitat produeix un sentit d'irrealitat que la televisió no pot capturar, i aquí és on rau la veritable màgia del tenis en viu. El jugador, igual que l'espectador, no té temps per pensar; el cos reacciona abans que la ment i es mou gairebé per instint. És així com podem entendre millor la frase de Jimmy Connors quan recorda la derrota contra Ashe: «Només podia esperar que la boira s'aixecàs». Connors no sols parlava d'una incertesa estratègica, sinó també de la velocitat i de la incapacitat d'anticipar el que vendria. En el cas de *The Green Fog*, aquesta mateixa boira es converteix en una metàfora del fora de camp: el que no veim, el que queda ocult, però que segueix condicionant tot el que percebem.

#

A «The Green Fog», Fiol recorr a la tècnica del *cut-up*, aquesta metodologia que fragmenta i reconfigura narratives per generar nous significats. Popularitzada per William Burroughs a la literatura i especialment pels artistes de l'apropiacionisme, el *cut-up* permet desmuntar els relats lineals i construir connexions noves a partir del muntatge. En certa manera, com ha observat Nicolas Bourriaud, aquesta pràctica desplega una mena de «postproducció» d'una realitat prèvia i converteix l'artista en un «editor» o en un «DJ» que treballa amb materials preexistents i «produeix» obres que reconfiguren allò existent.[13]

Fiol porta aquestes tècniques al terreny pictòric, on el muntatge no es limita a l'edició, sinó que passa per un procés de re-mediació: les imatges

12. Wallace, David Foster. *String Theory: David Foster Wallace on Tennis*. Nova York: Library of America, 2016 [*El tenis como experiencia religiosa*. Barcelona: Random House, 2016].

13. Bourriaud, Nicolas. *Postproduction: Culture as Screenplay: How Art Reprograms the World*. Nova York: Lukas & Sternberg, 2002 [*Postproducción. La cultura como escenario (cómo el arte reprograma el mundo)*. Buenos Aires: Adriana Hidalgo, 2004].

fotogràfiques es transformen en pintura, alenteixen el temps i alteren la nostra percepció d'allò representat. Aquest gest no és un simple canvi de suport, sinó una manera de qüestionar la relació entre imatge i veritat. En convertir el document en pintura, Fiol introdueix una capa de ficció i ambigüitat que subratlla la impossibilitat d'accedir al passat de manera directa.

Aquest treball amb la realitat prèvia, però també amb allò descartat, també l'han explorat amb lucidesa escriptors com Agustín Fernández Mallo, qui, a *Teoría general de la basura*, defensa la idea que els residus culturals poden reinventar-se per produir significats nous.[14] Seguint aquesta lògica, Fiol «rescata» imatges esportives o cinematogràfiques que podrien considerar-se residus mediàtics –fotos d'arxiu, fotogrames oblidats– i els transforma en alguna cosa diferent. Ho fa per mitjà de la pintura, un llenguatge antic que, amb tot, conserva el poder de generar maneres renovades de veure-hi.

Aquestes imatges «descartades» acaben cobrant una segona vida, més reflexiva i més lenta. L'èmfasi ja no recau en l'exactitud documental, sinó en la ressonància poètica, política o conceptual que la nova composició produeix en el present. Així, el passat no ressorgeix com un bloc monolític, sinó com un cúmul de restes que demanen ser activades en cada observació.

#

Tot i que el treball de Fiol és fonamentalment pictòric, la seva obra es relaciona amb l'espai expositiu, gairebé com una instal·lació. En aquest projecte, les obres es disposen a la paret i en cada cas evoquen l'estructura de la pista de tenis, amb els jugadors a banda i banda i el fotograma pintat de la pel·lícula *The Green Fog* al mig. Una peça central que actua com una mena de xarxa simbòlica que, com una frontera, separa i uneix alhora, que genera intersticis, però que també connecta l'àmbit de l'esport amb el del cinema i de la pintura, envoltats tots de la boira de la història. El verd boirós de la pintura impregna la sala i evoca tant la gespa de Wimbledon com la boirina de la pel·lícula i del projecte mateix.

Mentre recorr l'exposició, l'espectador se situa en el lloc de qui observa un partit i contempla obres pictòriques que no acaben de mostrar-ho tot. No hi ha cap rastre de la pilota, l'objecte vital al tenis, però absent en aquestes pintures. Així, l'acció s'instal·la en un buit que, tanmateix, organitza la tensió del conjunt. La «bola» és el centre inexistent, el motor absent que impulsa la narrativa sense que s'arribi a veure.

El fet que la pilota no aparegui a cap pintura és revelador. En el tenis, aquest objecte constitueix el focus principal: jugadors i espectadors hi centren

14. Fernández Mallo, Agustín. *Teoría general de la basura*. Barcelona: Galaxia Gutenberg, 2020.

l'atenció. Això no obstant, Fiol decideix eliminar-la del camp visual i deixar els protagonistes sols, fragmentats pel que fa a la seva execució, amb la boira de fons. I a pesar de tot, la pilota encara hi és, en la mirada de l'espectador, visible en la imaginació de qui intenta seguir el fil de l'acció. Les referències a la pel·lícula suggereixen atmosferes fílmiques que també cal «reconstruir» mentalment. I el gest d'Ashe i de Connors, congelat en la pinzellada, convida a projectar moviments futurs i passats que la imatge no mostra.

Fiol concep així la sala com un «terreny de joc» pictòric i conceptual. L'espectador recorr l'espai i, en fer-ho, va encadenant les peces d'un relat que sempre quedarà incomplet. Es podria dir que és precisament l'espectador qui té la pilota a la seva teulada, qui condueix el partit, qui tria quan i on ha de mirar.

Aquesta manera d'ocultar l'objecte ens fa pensar, finalment, en allò que es resisteix a la representació quan intentam recompondre la història. Sempre hi ha un nucli que sistemàticament se'ns escapa, però que ens deixa restes i indicis. Des d'aquesta perspectiva, la boira no és un mer efecte estètic, sinó un dispositiu que posa en evidència el caràcter incomplet del nostre enteniment. Si, al tenis, la pilota simbolitza l'epicentre de l'acció, en la historiografia aquest centre seria la veritat perduda del passat, aquesta veritat que únicament podem deduir a partir de les seves empremtes. Unes empremtes que, a la pintura de Fiol, es revelen mitjançant paradoxes, un joc de presències i absències que remet a la manera en què sempre ens enfrontam al passat: temptejant les ombres, no deixant caps per lligar i connectant-los, i sabent que res no es pot capturar totalment. Veure-hi en la boira, aleshores, ens revela que tota percepció té sempre un punt cec, que l'acte de veure-hi no consisteix a capturar tot el que és visible, sinó a aprendre a mirar més enllà dels límits i descobrir significats en tot allò que roman fora del nostre abast.

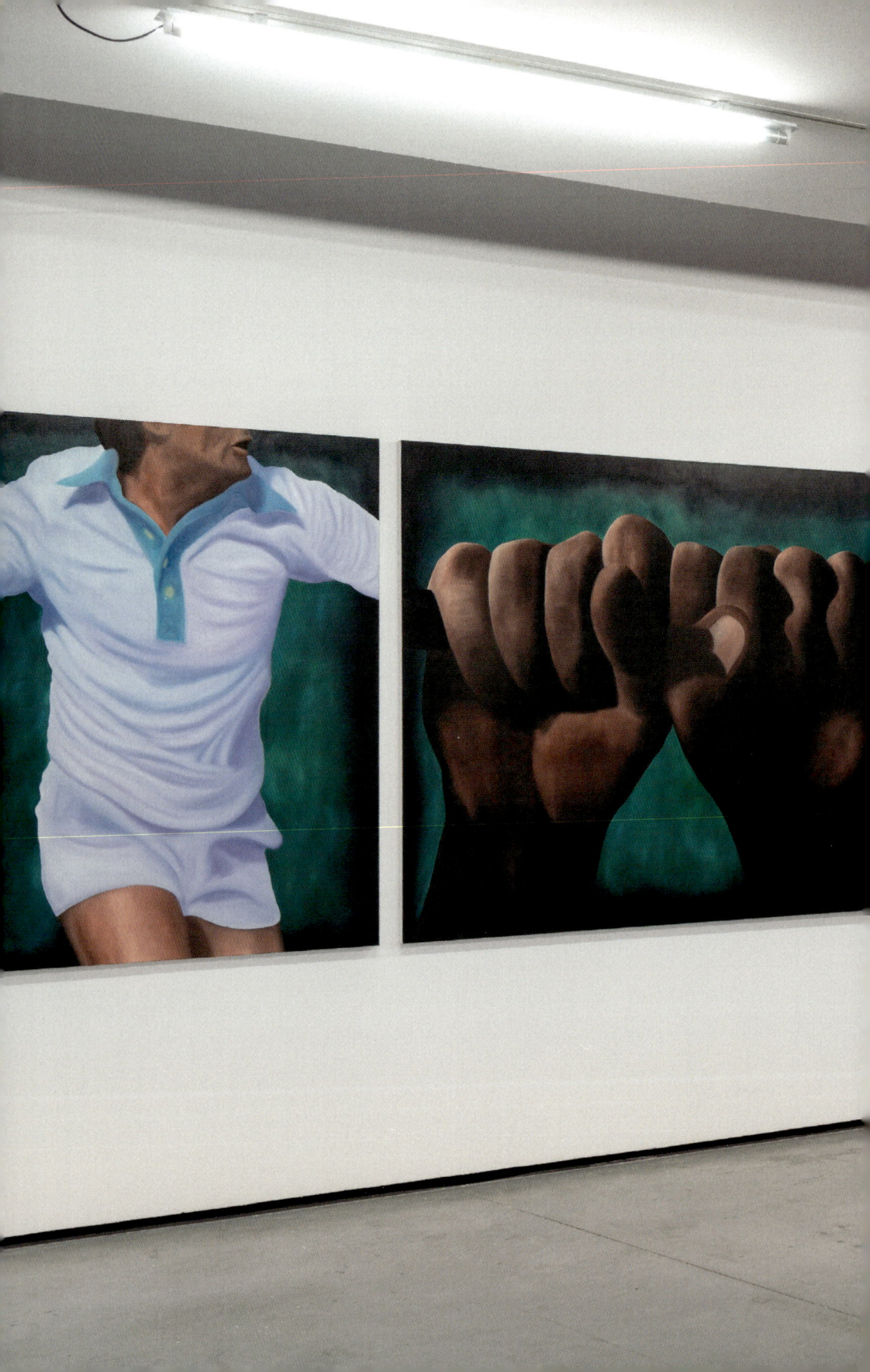

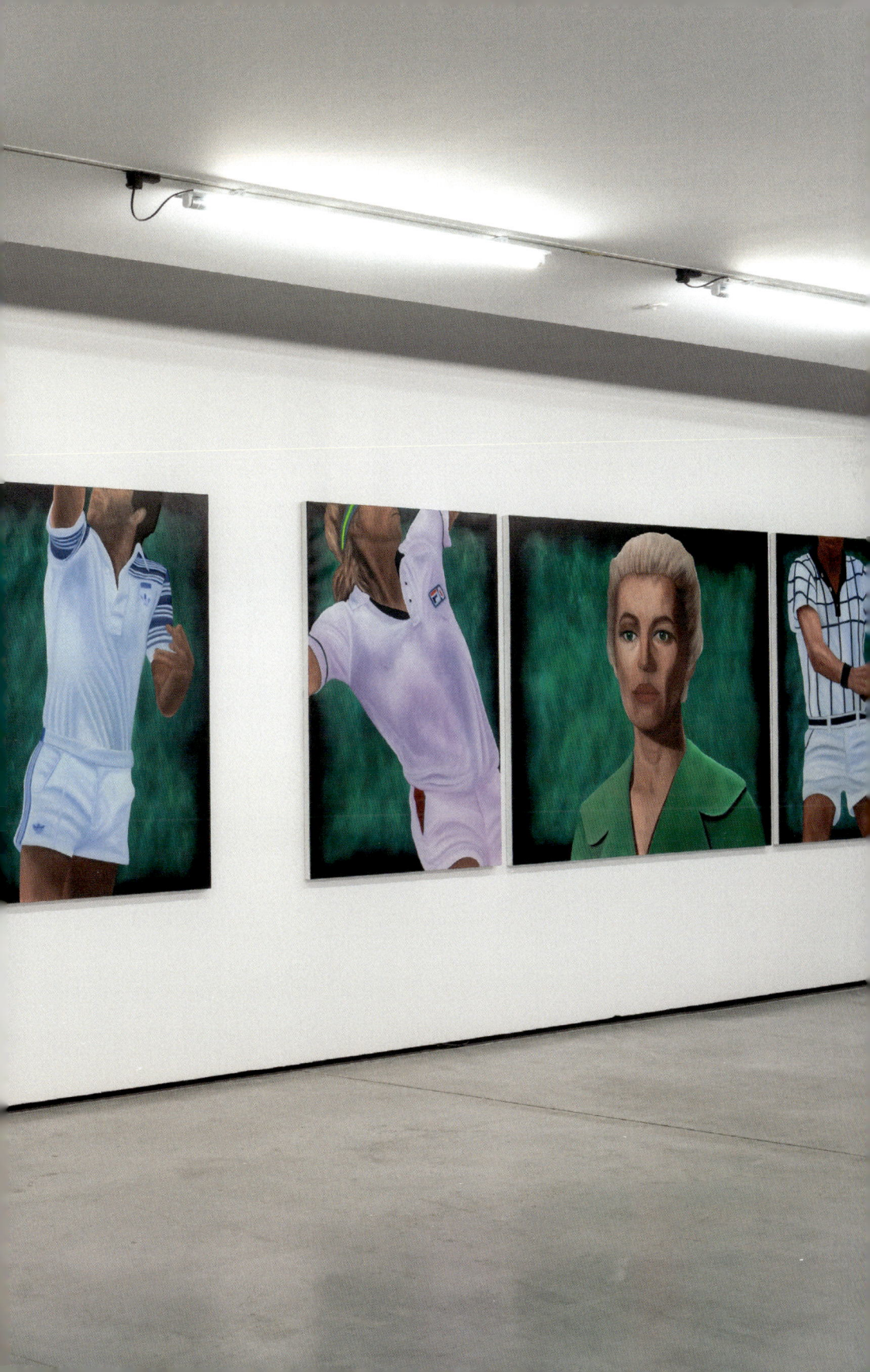

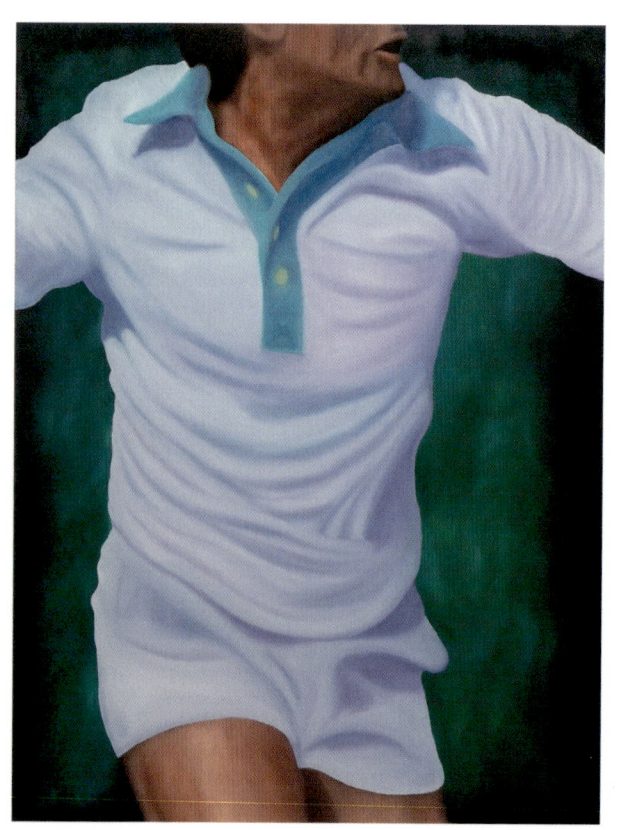
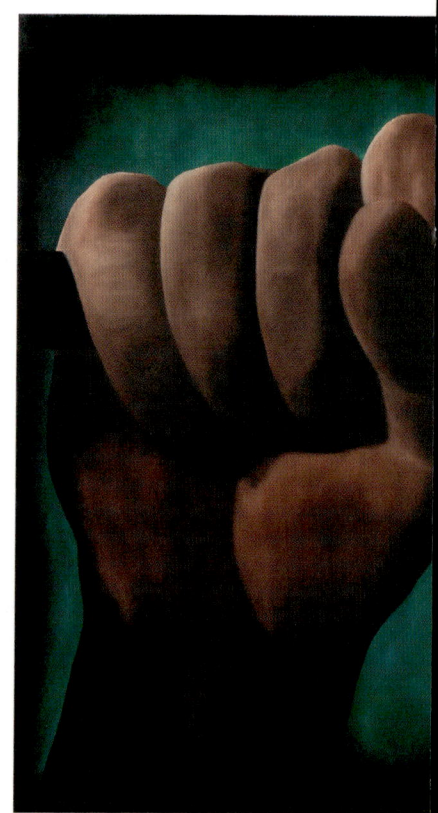

58

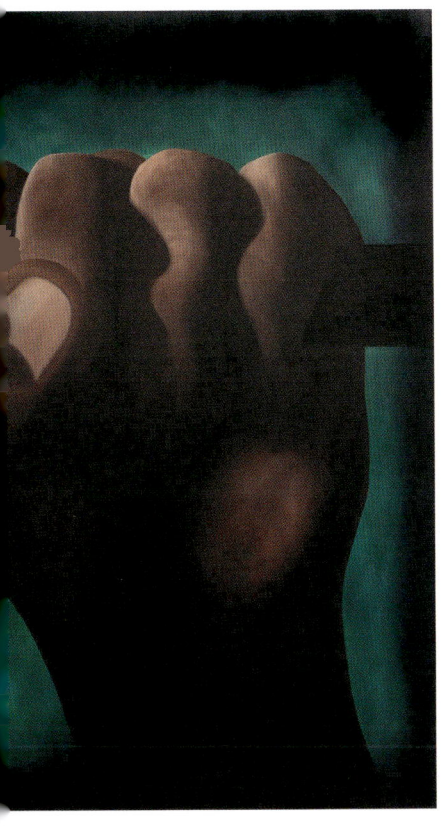
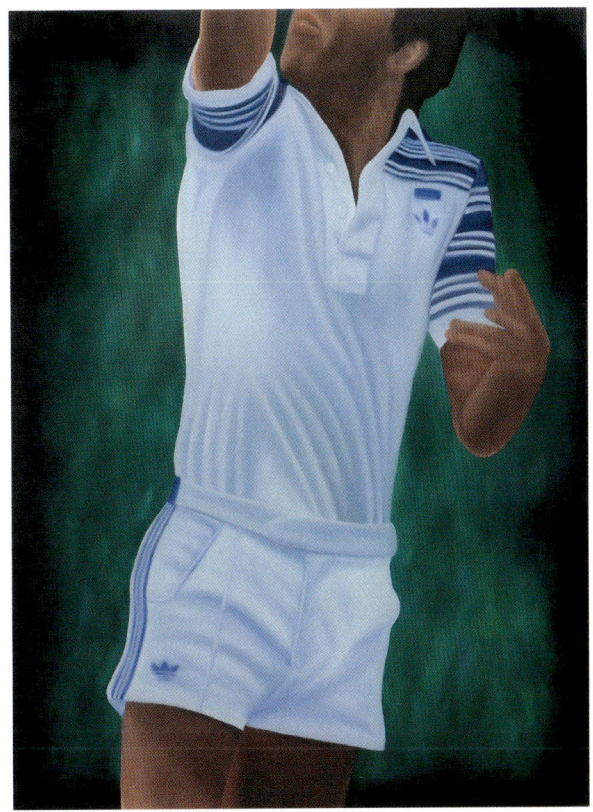

Tom Okker vs Tony Roche (Cuartos de final), 2024.
Oli damunt lli, 130 x 97 cm; 130 x 162 cm i 130 x 97 cm (tríptic). Cortesia de l'artista

Tom Okker vs Tony Roche (Cuartos de final), 2024.
Óleo sobre lino, 130 x 97 cm; 130 x 162 cm y 130 x 97 cm (tríptico). Cortesía del artista

Tom Okker vs Tony Roche (Cuartos de final), 2024.
Oil on linen, 130 x 97 cm; 130 x 162 cm and 130 x 97 cm (triptych). Courtesy of the artist

UN MAR DE NIEBLA: JOSÉ FIOL Y LA NUEVA PINTURA DE HISTORIA

Miguel Ángel Hernández

Nada resulta más inquietante que intentar ver a través de la niebla. En ella, las siluetas se desdibujan, las sombras se mueven y los contornos pierden nitidez. La atmósfera densa oculta los perfiles, vela las figuras y nos sumerge en el territorio de la incertidumbre, donde lo fijo se convierte en móvil y lo claro, en borroso. Ante un mar de niebla, nada se muestra del todo. Y la mirada requiere un esfuerzo adicional: explorar los límites, imaginar siempre lo que queda fuera de la visión. Ver en la niebla, entonces, es mucho más que una mera acción física; se convierte en una experiencia que moviliza la imaginación y nos confronta con aquello que nunca podemos aprehender del todo.

En *El aire y los sueños*, Gaston Bachelard relacionaba algunos elementos vaporosos, como el humo y la niebla, con la imaginación y la poesía.[1] Para el pensador francés, la niebla no solo oculta; también transforma. Al disolver las formas, nos sitúa en un espacio donde lo visible se vuelve elástico y maleable, permitiendo que la imaginación proyecte significados más allá de lo aparente. En la niebla, lo que vemos no es solo aquello que está ahí, sino también lo que conjeturamos. En este sentido, la niebla no es un obstáculo para la mirada, sino una oportunidad para explorar los bordes de la percepción. Tal vez por eso, en sus *Seis propuestas para el próximo milenio*, Italo Calvino reivindicó la levedad como una cualidad liberadora para la literatura y el arte.[2] Cuando las cosas se desmaterializan o cobran ligereza, aflora su dimensión poética y sugiere la posibilidad de que haya algo más allá de la fisicidad. La niebla, con su cualidad etérea, encarna ese desvanecimiento de la forma: un espacio en el que las certezas se diluyen y nos hallamos frente a la necesidad de interpretar.

Por alguna razón, siempre he asociado la niebla con el ejercicio de la historia. La tarea del historiador no dista demasiado del recorrido de una figura a través de un paraje cubierto de bruma. Ante el historiador no se presenta un horizonte claro, sino siluetas desdibujadas y contornos parciales; su misión es tantear entre sombras y fragmentos para vislumbrar un relato que nunca llega a ser del todo nítido. Algo similar intuía Marc Bloch, quien, en su *Apología para la historia*, describía al historiador como alguien que avanzaba entre «tinieblas», guiado por vestigios inciertos.[3] O Michel de Certeau, que hablaba de los silencios y las ausencias que acechan a quien escribe la historia: lo que no se puede ver ni llenar, los espacios vacíos que persisten como heridas abiertas en el relato del pasado.[4] Y, por supuesto, Walter Benjamin, para quien el historiador es alguien que recoge fragmentos de un pasado ruinoso, montándolos en un presente que nunca podrá capturarlo todo.[5] La historia, pues, como la niebla, es un espacio de opacidad y ambigüedad, donde la verdad nunca se presenta de manera absoluta.

En «The Green Fog», José Fiol trabaja con esta niebla del pasado, explorando un evento deportivo –la final de Wimbledon de 1975 entre Arthur Ashe y Jimmy Connors– y conectándolo con la película experimental de

1. Bachelard, Gaston. *El aire y los sueños*. México: Fondo de Cultura Económica, 1958.

2. Calvino, Italo. *Seis propuestas para el próximo milenio*. Madrid: Siruela, 1989.

3. Bloch, Marc. *Apología para la historia o el oficio de historiador*. Barcelona: Fondo de Cultura Económica, 2014.

4. De Certeau, Michel. *La escritura de la historia*. México: Universidad Iberoamericana, 1999.

5. Benjamin, Walter. «Sobre el concepto de historia». En: *Obras*, libro I, vol. 2. Madrid: Abada, 2008, p. 303-318.

Guy Maddin, Galen Johnson y Evan Johnson, que recrea *Vértigo*, el clásico de Hitchcock, mediante el uso de escenas de películas y series de televisión filmadas en San Francisco. A través de la pintura, Fiol no intenta reconstruir la historia de manera lineal, ni ofrecer una versión definitiva de estos acontecimientos. Al contrario: fragmenta las imágenes, las recombina y las convierte en un espacio donde el pasado se presenta como algo inacabado, abierto a la interpretación.

En este sentido, podríamos decir que Fiol actúa aquí como una especie de historiador, pero no en el sentido de la historiografía clásica, sino en el de eso que Ernst van Alphen denominó «nueva historiografía», una concepción de la historiografía que, en lugar de empeñarse en disolver las neblinas del pasado, alumbrar las zonas oscuras y presentar una narrativa supuestamente totalizadora, resalta lo que permanece confuso, incompleto o, directamente, inasible.[6] Un «giro historiográfico» en el arte contemporáneo que rechaza la visión de historia entendida como un relato triunfal y homogéneo y, en su lugar, la concibe como un espacio abierto, lleno de huecos y contradicciones.[7]

A diferencia del «giro de la memoria» de los años noventa, centrado en las experiencias individuales y en los procesos de recuerdo, el giro historiográfico se interesa por los mecanismos colectivos que construyen la historia como relato. Críticos como Dieter Roelstraete, Mark Godfrey o Jacinto Lageira han estudiado con solvencia esta tendencia como una forma particular de «arte de historia» donde los artistas trabajan con los materiales del pasado desde una perspectiva crítica, conscientes de la imposibilidad de acceder plenamente a ese pasado.[8]

Dentro de este marco, la práctica de José Fiol podría entenderse como una forma contemporánea de pintura de historia. Este género, que alcanzó su apogeo en el siglo XIX, estuvo tradicionalmente asociado a la exaltación de grandes relatos nacionales y a una visión heroica de la historia. Como señala Peter Burke, los pintores de historia de esa época no solo representaban eventos históricos; también eran, en cierto sentido, historiadores por derecho propio, que investigaban y reinterpretaban el pasado desde la pintura.[9] Sin embargo, esa concepción heroica y monumental de la pintura de historia entró

6. Van Alphen, Ernst. *Escenificar el archivo: arte y fotografía en la era de los nuevos medios*. Salamanca: Universidad de Salamanca, 2018.

7. He trabajado esta cuestión con cierto detenimiento en *Materializar el pasado: el artista como historiador (benjaminiano)*, Murcia, Micromegas, 2012.

8. Roelstraete, Dieter. «After the Historiographic Turn: Currents Findings». *E-Flux*, 6 2009; Godfrey, Mark. «The Artist as Historian». *October*, 120, 2007, 140-172; Lageira, Jacinto. *L'Art comme Histoire: Un entrelacement de poétiques*. París: Éditions Mimésis, 2016.

9. Burke, Peter. *Visto y no visto. El uso de la imagen como documento histórico*. Barcelona: Crítica, 2001.

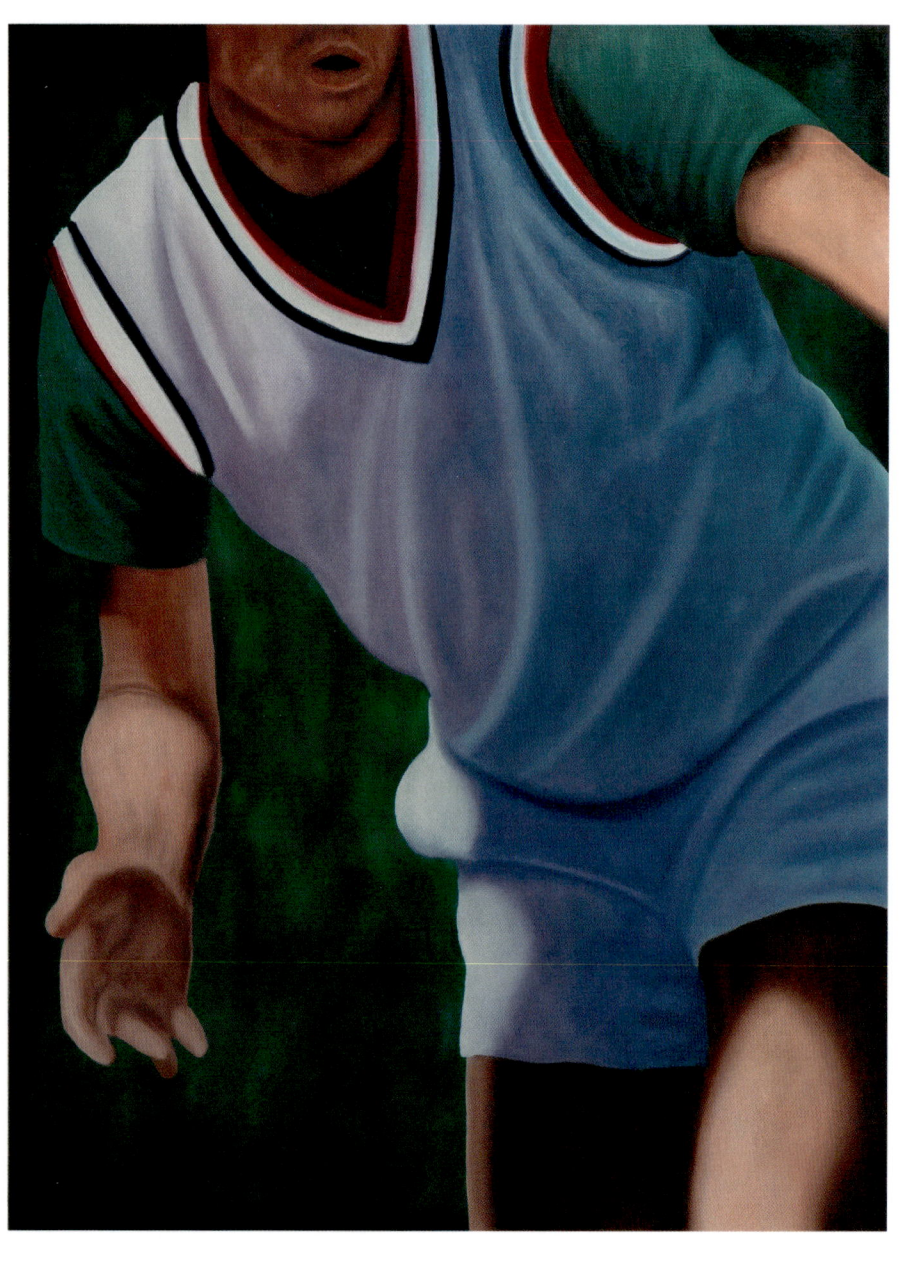

Jimmy Connors vs Raúl Ramírez (Cuartos de final), 2024. Detall / Detalle / Detail

en crisis con la llegada de las imágenes mecánicas –primero la fotografía, luego el cine–, que desplazaron la función representativa de la pintura hacia otros territorios.

En las últimas dos décadas, la pintura de historia ha experimentado un cierto resurgimiento, aunque desde una óptica diferente a su sentido original.[10] Los artistas no desean ahora reeditar epopeyas patrióticas, sino que se afanan en cuestionar las narraciones consolidadas y subrayar las zonas oscuras del archivo histórico. Ya no se trata de consolidar grandes relatos ni de imponer una visión autoritaria del pasado, sino de trabajar con las fragmentaciones y los silencios, con los intersticios que dejan las narrativas oficiales.

Este nuevo enfoque se sitúa en el cruce entre historia y memoria, entre lo documentado y lo imaginado. Y es precisamente aquí donde la obra de José Fiol adquiere un sentido relevante. Aun cuando muchos exponentes de este giro se apoyan en archivos y documentos originales, Fiol lo hace principalmente desde la pintura, asumiendo que este medio supone, de por sí, una interpretación que nunca puede ser exhaustiva. Ya en trabajos anteriores, como «Reach for the Stars», dedicado a la tragedia del transbordador Challenger y a la espectacularización del desastre, Fiol experimentaba con imágenes de archivo que reconfiguraba en lienzos. No buscaba reproducirlas tal cual, sino generar un campo de percepción distinto, capaz de reactivar la memoria colectiva sin pretender completarla.

En «The Green Fog», esta perspectiva se radicaliza: la historia no se representa; se fragmenta, se combina, se re-monta y se resignifica. A través de la niebla verde que da título al proyecto, Fiol no solo vela el pasado, sino que lo transforma en un espacio de posibilidades interpretativas. Igual que la niebla borra contornos y siluetas, la obra de Fiol nos obliga a mirar más allá de lo evidente, invitándonos a participar activamente en la construcción del sentido.

El trabajo de Fiol no pretende reconstruir el partido de Wimbledon de 1975 ni la atmósfera de *The Green Fog* en términos literales. En lugar de eso, descompone y reconfigura esos eventos en un espacio pictórico que no busca la claridad, sino la incertidumbre productiva. Las imágenes fragmentadas, los cortes y los fuera de campo generan un montaje que recuerda las técnicas del cine experimental, pero que encuentra en la pintura un medio único para explorar la historia. La pintura, en este caso, no es solo un soporte; es un lenguaje que permite ralentizar y espesar el tiempo, hacer visible lo que en otros medios permanecería oculto.

---

10. Este fenómeno ha sido objeto de exposiciones como «El Fin de la Historia... y el retorno de la pintura de historia», comisariada por Paco Barragán (DA2, Salamanca, 2011), donde se reflexionó sobre cómo ciertos pintores contemporáneos investigan el pasado para mostrar sus grietas más que para ensalzarlo.

Una de las constantes en el giro historiográfico es la atención al documento, entendido como piedra angular para interpretar el pasado. Sin embargo, son muchos los artistas que han cuestionado la fiabilidad de dichos archivos. Esta es la clave, por ejemplo, del trabajo de Joan Fontcuberta, quien desde la teoría y la práctica ha analizado cómo las imágenes fotográficas, presuntamente veraces, pueden ser manipuladas o leerse de modos diversos.[II] Toda imagen, incluso aquella supuestamente más documental, está atravesada por la ficción. De algún modo, la obra de Fiol se encuentra en sintonía con ese sentido construido y artificial de toda imagen. No descarta el documento –las fotos de Wimbledon, los fotogramas de *The Green Fog*–, pero lo «traduce» a la pintura, un medio que, por su propia naturaleza, introduce una capa de subjetividad y ambigüedad.

En sus obras no hay una reproducción fiel, sino fragmentos que se combinan, se alteran y se superponen. Este proceso pone en jaque la aspiración de la historia a la objetividad, a la vez que abre la puerta a nuevas interpretaciones. Fiol insiste en que es imposible acceder al pasado en forma directa: cada aproximación es un ensamblaje donde confluyen memoria, huellas fragmentarias y decisiones creativas. Con ello, la pintura se transforma en un laboratorio para evaluar qué vemos y qué dejamos de ver cuando intentamos reconstruir un acontecimiento.

Esta tensión entre lo visible y lo invisible, lo evidente y lo velado, es central en la práctica artística del artista. En «The Green Fog» esto aparece de modo relevante en el «encuadre» de las figuras, en ese primer plano que deja fuera el rostro o las extremidades de los tenistas. Los fragmentos pictóricos parecen incompletos, como si el gesto estuviera en movimiento pero la cámara/pintura lo capturara solo a medias. Este *zoom* excesivo lleva al espectador a enfrentarse a lo que queda fuera de campo, más allá del marco visible de la imagen.

El fuera de campo alude no solo a lo que no aparece en el encuadre, sino a aquello que sugiere e invoca, a lo que sigue existiendo aunque no lo veamos. En este caso, lo que queda fuera nos recuerda que ninguna representación puede capturarlo todo, que siempre hay un espacio invisible que condiciona la percepción. Este enfoque es especialmente llamativo si lo comparamos con el modo en que el tenis se muestra en televisión. En la retransmisión deportiva, todo está al alcance de la mirada: la pista es estática, se vuelve pequeña y visible en su totalidad. Una hipervisibilidad que busca eliminar cualquier duda o ambigüedad. Sin embargo, en la experiencia real del tenis, la percepción es radicalmente distinta. Como observa David Foster Wallace

II. Fontcuberta, Joan. *El beso de Judas: fotografía y verdad*. Barcelona: Gustavo Gili, 1996.

en su bello texto sobre los «momentos Federer», el espectador en vivo no puede verlo todo.[12] Hay una visión fragmentaria, determinada por la velocidad y la imposibilidad de fijarse en todos los detalles. El tenis real, en la pista, genera una visión brumosa en la que los golpes se suceden tan rápido que el ojo apenas puede seguirlos. Para Foster Wallace, la pelota se mueve allí como un fantasma: está en un lugar y, casi sin transición, ya ha desaparecido para estar en otro. Esa velocidad produce un sentido de irrealidad que no puede capturarse por televisión, y es ahí donde reside la verdadera magia del tenis en vivo. El jugador, al igual que el espectador, no tiene tiempo para pensar; el cuerpo reacciona antes que la mente, moviéndose casi por instinto. Es así como podemos entender mejor la frase de Jimmy Connors al recordar su derrota contra Ashe: «Solo podía esperar a que la niebla se levantase». Connors hablaba no solo de una incertidumbre estratégica, sino también de la velocidad y la incapacidad de anticipar lo que vendría. En el caso de *The Green Fog*, esa misma niebla se convierte en una metáfora del fuera de campo: lo que no vemos, lo que queda oculto, pero que sigue condicionando todo lo que percibimos.

#

En «The Green Fog», Fiol recurre a la técnica del *cut-up*, esa metodología que fragmenta y reconfigura narrativas para generar nuevos significados. Popularizada por William Burroughs en la literatura y especialmente por los artistas del apropiacionismo, el *cut-up* permite desmontar los relatos lineales y construir nuevas conexiones a partir del montaje. En cierto modo, como ha observado Nicolas Bourriaud, esa práctica despliega una suerte de «postproducción» de una realidad previa, convirtiendo al artista en un «editor» o un «DJ» que trabaja con materiales preexistentes y «produce» obras que reconfiguran lo existente.[13]

Fiol lleva estas técnicas al terreno pictórico, donde el montaje no se limita a la edición, sino que pasa por un proceso de re-mediación: las imágenes fotográficas se transforman en pintura, ralentizando el tiempo y alterando nuestra percepción de lo representado. Este gesto no es un simple cambio de soporte, sino una forma de cuestionar la relación entre imagen y verdad. Al convertir el documento en pintura, Fiol introduce una capa de ficción y ambigüedad que subraya la imposibilidad de acceder al pasado de forma directa.

12. Wallace, David Foster. *El tenis como experiencia religiosa*. Barcelona: Random House, 2016.

13. Bourriaud, Nicolas. *Postproducción. La cultura como escenario (cómo el arte reprograma el mundo)*. Buenos Aires: Adriana Hidalgo, 2004.

Este trabajo con la realidad previa, pero también con lo descartado, también ha sido explorado con lucidez por escritores como Agustín Fernández Mallo, quien, en su *Teoría general de la basura*, defiende la idea de que los residuos culturales pueden reinventarse para producir nuevos significados.[14] Siguiendo esa lógica, Fiol «rescata» imágenes deportivas o cinematográficas que podrían considerarse desperdicios mediáticos –fotos de archivo, fotogramas olvidados– y las transforma en algo distinto. Lo hace por medio de la pintura, un lenguaje antiguo que, sin embargo, conserva el poder de generar renovadas maneras de ver.

Estas imágenes «descartadas» acaban cobrando una segunda vida, más reflexiva y ralentizada. El énfasis ya no recae en la exactitud documental, sino en la resonancia poética, política o conceptual que la nueva composición produce en el presente. Así, el pasado no resurge como un bloque monolítico, sino como un cúmulo de restos que piden ser activados en cada observación.

#

Aunque el trabajo de Fiol es fundamentalmente pictórico, su obra se relaciona con el espacio expositivo, casi a la manera de una instalación. En este proyecto, las obras se disponen en el muro evocando en cada caso la estructura de la pista de tenis, con los jugadores a ambos lados y el fotograma pintado de la película *The Green Fog* en el medio. Una pieza central que actúa como una suerte de red simbólica que, como una frontera, separa y une a la vez, generando intersticios, pero también conectando el ámbito del deporte con el del cine y de la pintura, envueltos todos en la niebla de la historia. El verde brumoso de la pintura impregna la sala y evoca tanto el césped de Wimbledon como la neblina de la película y del propio proyecto.

Mientras recorre la exposición, el espectador se sitúa en el lugar de quien observa un partido y contempla obras pictóricas que no terminan de mostrarlo todo. No hay rastro de la pelota, objeto vital en el tenis, pero ausente en estas pinturas. Así, la acción se ancla en un vacío que, sin embargo, organiza la tensión del conjunto. La «bola» es el centro inexistente, el motor ausente que impulsa la narrativa sin llegar a verse.

El hecho de que la pelota no aparezca en ninguna pintura es revelador. En el tenis, ese objeto constituye el foco principal: jugadores y espectadores centran su atención en ella. Sin embargo, Fiol decide sustraerla del campo visual y dejar a los protagonistas solos, fragmentados en su ejecución, con la niebla de fondo. Y a pesar de todo, la pelota sigue ahí, en la mirada del espectador, visible en la imaginación de quien intenta seguir el hilo de la

14. Fernández Mallo, Agustín. *Teoría general de la basura*. Barcelona: Galaxia Gutenberg, 2020.

acción. Las referencias a la película sugieren atmósferas fílmicas que también hay que «reconstruir» mentalmente. Y el gesto de Ashe y Connors, congelado en la pincelada, invita a proyectar movimientos futuros y pasados que la imagen no muestra.

Fiol concibe así la sala como un «terreno de juego» pictórico y conceptual. El espectador recorre el espacio y, al hacerlo, va encadenando las piezas de un relato que siempre quedará incompleto. Podría decirse que es precisamente el espectador quien tiene la pelota en su tejado, quien conduce el partido, quien elige cuándo y dónde mirar.

Esta forma de ocultar el objeto nos lleva a pensar, por último, en aquello que se resiste a la representación cuando intentamos recomponer la historia. Siempre hay un núcleo que sistemáticamente se nos escapa, dejando en su lugar restos e indicios. Desde esta perspectiva, la niebla no es un mero efecto estético, sino un dispositivo que pone en evidencia el carácter incompleto de nuestro entendimiento. Si, en el tenis, la pelota simboliza el epicentro de la acción, en la historiografía ese centro sería la verdad perdida del pasado, esa verdad que únicamente podemos deducir a partir de sus huellas. Unas huellas que, en la pintura de Fiol, se revelan mediante paradojas, un juego de presencias y ausencias que remite al modo en que siempre nos enfrentamos al pasado: tanteando sombras, conectando cabos sueltos y sabiendo que nada puede ser capturado en su totalidad. Ver en la niebla, entonces, nos revela que toda percepción lleva siempre consigo su punto ciego, que el acto de ver no consiste en capturar todo lo visible, sino en aprender a mirar más allá de los límites y descubrir significados en todo aquello que permanece fuera de nuestro alcance.

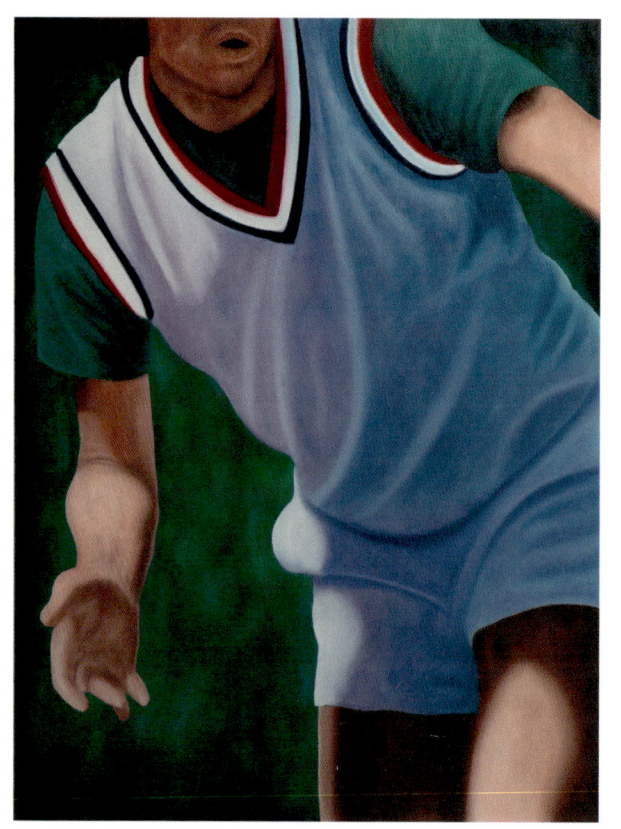
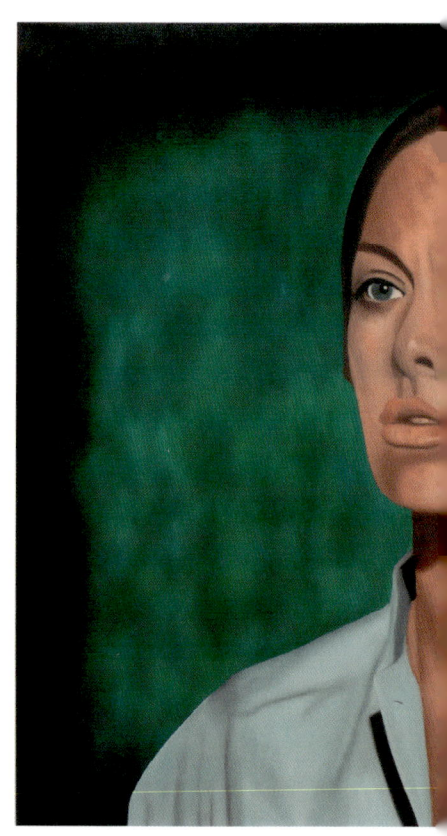

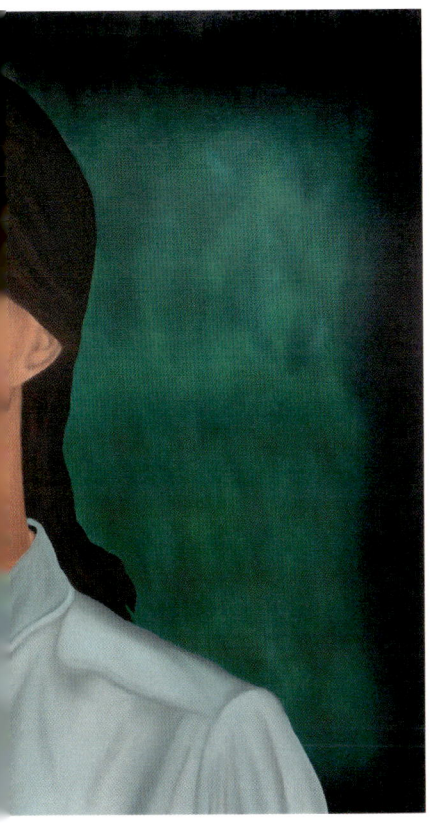
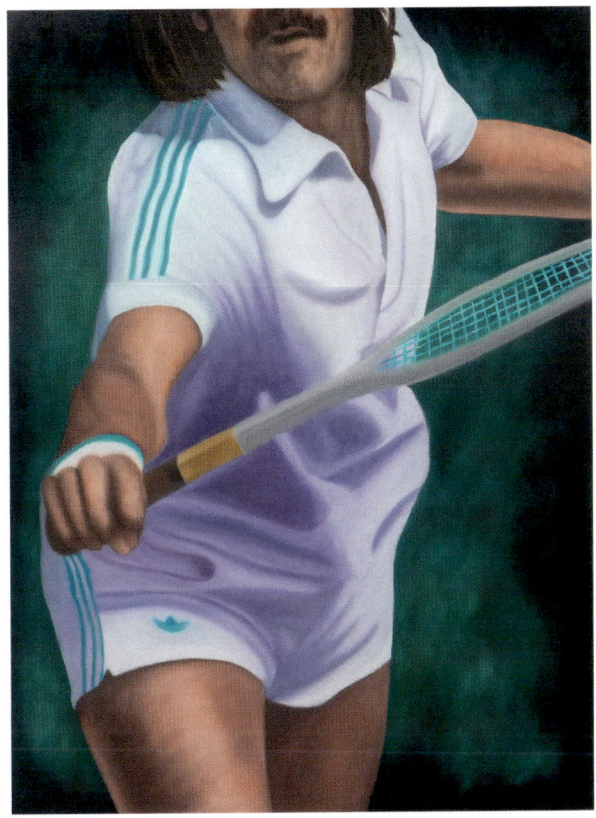

Jimmy Connors vs Raúl Ramírez (Cuartos de final), 2024.
Oli damunt lli, 130 x 97 cm; 130 x 162 cm i 130 x 97 cm (tríptic). Cortesia de l'artista

Jimmy Connors vs Raúl Ramírez (Cuartos de final), 2024.
Óleo sobre lino, 130 x 97 cm; 130 x 162 cm y 130 x 97 cm (tríptico). Cortesía del artista

Jimmy Connors vs Raúl Ramírez (Cuartos de final), 2024.
Oil on linen, 130 x 97 cm; 130 x 162 cm and 130 x 97 cm (triptych). Courtesy of the artist

A SEA OF FOG: JOSÉ FIOL AND NEW HISTORY PAINTING

Miguel Ángel Hernández

Nothing is more unsettling than trying to see through fog. In it, silhouettes become blurred, shadows move and contours lose their sharpness. The dense atmosphere hides profiles, veils figures and plunges us into the realm of uncertainty, where what is static becomes mobile and what is clear becomes blurred. In a sea of fog, nothing is fully revealed. And one's gaze requires additional effort: exploring the limits, always imagining what lies beyond the field of vision. Seeing in the fog, then, is much more than a mere physical action; it becomes an experience that mobilises the imagination and confronts us with that which we can never fully apprehend.

In *Air and Dreams*, Gaston Bachelard related certain vaporous elements, such as smoke and fog, to imagination and poetry.[1] For the French thinker, fog not only conceals; it also transforms. By dissolving forms, it situates us in a space where the visible becomes elastic and malleable, allowing the imagination to project meanings beyond that which is apparent. In fog, what we see is not only what is there, but also what we imagine. In this sense, fog is not an obstacle to the gaze, but an opportunity to explore the edges of perception. Perhaps this is why, in his *Six Memos for the Next Millennium*, Italo Calvino defended lightness as a liberating quality for literature and art.[2] When things dematerialise or become light, their poetic dimension emerges and suggests the possibility that there is something beyond corporeality. Fog, in its ethereal nature, embodies this fading of form: a space in which certainties become diluted and we are faced with the need to interpret.

For some reason, I have always associated fog with the practice of history. The historian's task is not unlike the journey of a figure across a misty landscape. There is no clear horizon before them, only blurred silhouettes and partial contours; their mission is to fumble through shadows and fragments and attempt to glimpse a story that is never quite clear. Something similar was sensed by Marc Bloch, who, in his *The Historian's Craft*, described the historian as someone who advances through "darkness", guided by uncertain traces.[3] Or by Michel de Certeau, who spoke of the silences and absences that haunt the writer of history: what cannot be seen or filled, the empty spaces that persist as open wounds in the narration of the past.[4] And, of course, by Walter Benjamin, for whom the historian is someone who gathers fragments of a ruinous past, assembling them into a present that can never capture everything.[5] History, then, like fog, is a space of opacity and ambiguity, where truth never presents itself as absolute.

In "The Green Fog", José Fiol works with this fog of the past, exploring a sporting event—the 1975 Wimbledon final between Arthur Ashe and Jimmy Connors—and connecting it to the experimental film by Guy Maddin, Galen Johnson and Evan Johnson, which recreates Hitchcock's classic *Vertigo* by using scenes from films and television series shot in San Francisco. Through

1. Bachelard, Gaston. *Air and Dreams*. Dallas: Dallas Institute Publications, 1988.

2. Calvino, Italo. *Six Memos for the Next Millennium*. Cambridge: Harvard University Press, 1989.

3. Bloch, Marc. *The Historian's Craft*. New York: Knopf, 1953.

4. De Certeau, Michel. *The Writing of History*. New York: Columbia University Press, 1988.

5. Benjamin, Walter. "On the Concept of History". In: *Walter Benjamin: Selected Writings, 4: 1938–1940*. Cambridge: Harvard University Press, 2006.

painting, Fiol does not attempt to reconstruct history in a linear fashion, nor to offer a definitive version of these events. On the contrary: he fragments the images, recombines them and transforms them into a space where the past is presented as something unfinished, open to interpretation.

In this sense, we could say that Fiol acts here as a kind of historian, though not in the sense of classical historiography, but in the sense of what Ernst van Alphen termed "new historiography", an approach to historiography that, instead of seeking to dissolve the fogs of the past, illuminate the dark areas and present a supposedly all-encompassing narrative, highlights what remains confusing, incomplete or, directly, intangible.[6] A "historiographic turn" in contemporary art that rejects the vision of history understood as a triumphal and homogeneous narrative and instead conceives it as an open space, full of gaps and contradictions.[7]

In contrast to the "archival turn" of the 1990s, which focused on individual experiences and processes of remembrance, the historiographic turn is interested in the collective mechanisms that construct history as a narrative. Critics such as Dieter Roelstraete, Mark Godfrey and Jacinto Lageira have studied this movement in depth as a particular form of "history art" in which artists work with the materials of the past from a critical perspective, fully aware of the impossibility of fully accessing that past.[8]

Within this context, José Fiol's practice could be understood as a contemporary form of history painting. This genre, which reached its apogee in the 19th century, was traditionally associated with the exaltation of grand national narratives and a heroic vision of history. As Peter Burke points out, history painters of the time not only depicted historical events; they were also, in a sense, historians in their own right, investigating and reinterpreting the past through painting.[9] However, this heroic and monumental conception of history painting entered a crisis with the advent of mechanical images—first photography, then cinema—which displaced the representational function of painting to other areas.

---

6. Van Alphen, Ernst. *Staging the Archive: Art and Photography in the Age of New Media*. Chicago: The University of Chicago Press, 2014.

7. I have explored this matter in some detail in *Materializar el pasado: el artista como historiador (benjaminiano)*, Murcia, Micromegas, 2012.

8. Roelstraete, Dieter. "After the Historiographic Turn: Current Findings". In: *E-Flux*, 6, 2009; Godfrey, Mark. "The Artist as Historian". In: *October*, 120, 2007, 140–172; Lageira, Jacinto. *L'Art comme Histoire: Un entrelacement de poétiques*. Paris: Éditions Mimésis, 2016.

9. Burke, Peter. *Eyewitnessing: The Uses of Images As Historical Evidence*. Ithaca: Cornell University Press, 2001.

Over the past two decades, history painting has experienced a revival of sorts, albeit from a different angle to its original perspective.[10] Artists no longer wish to re-edit patriotic epics, but are keen to question consolidated narratives and highlight the dark areas of the historical archive. It is no longer a question of consolidating grand narratives or imposing an authoritarian vision of the past, but of working with fragmentations and silences, with the gaps left by official narratives.

This new approach is situated at the crossroads between history and memory, between the documented and the imagined. And it is precisely here that José Fiol's work acquires a significant meaning. While many exponents of this turn rely on archives and original documents, Fiol does so mainly through painting, based on the assumption that this medium, in itself, presupposes an interpretation that can never be exhaustive. In earlier works, such as "Reach for the Stars", dedicated to the Challenger shuttle tragedy and the spectacularisation of that disaster, Fiol had already experimented with archival images that he reconfigured into canvases. He did not seek to reproduce them as they were, but to generate a different field of perception, capable of reactivating the collective memory without intending to complete it.

In "The Green Fog", this perspective becomes more radical: history is not represented; it is fragmented, combined, reassembled and re-signified. Through the green fog that gives the project its title, Fiol not only veils the past, but transforms it into a space of interpretive possibilities. Just as the fog erases contours and silhouettes, Fiol's work forces us to look beyond the obvious, inviting us to participate actively in the construction of meaning.

Fiol's work does not attempt to recreate the 1975 Wimbledon match or the atmosphere of *The Green Fog* film in literal terms. Instead, he decomposes and reconfigures these events in a pictorial space that does not seek clarity, but productive uncertainty. The fragmented images, cuts and out-of-frames generate a montage that recalls the techniques of experimental film, but which finds in painting a unique medium for exploring history. Painting, in this case, is not just a medium; it is a language that allows the slowing down and thickening of time, to make visible what in other media would remain hidden.

#

One of the constants in the historiographic turn is the attention to documents, understood as the cornerstones for interpreting the past. However, many

10. This phenomenon has been the subject of exhibitions such as "El Fin de la Historia... y el retorno de la pintura de historia" (The End of History—And the Return of History Painting), curated by Paco Barragán (DA2, Salamanca, 2011), which reflected on how certain contemporary painters investigate the past to reveal its cracks rather than to extol it.

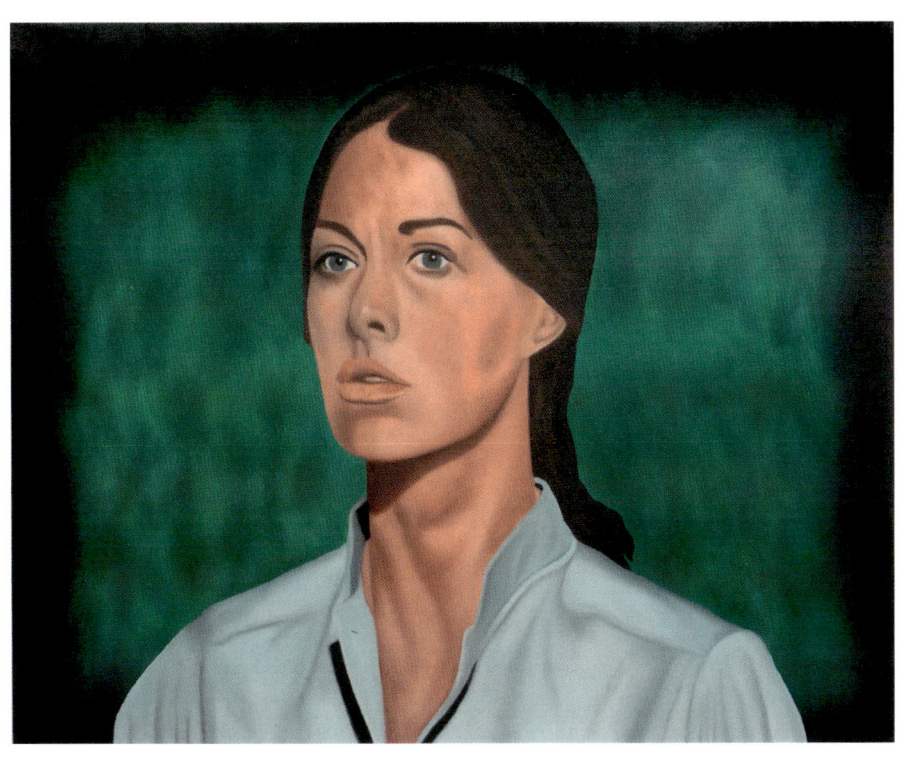

Jimmy Connors vs Raúl Ramírez (Cuartos de final), 2024. Detall / Detalle / Detail

artists have questioned the accuracy of these archives. This is the key, for example, in the work of Joan Fontcuberta, who through theory and practice has analysed how photographic images, presumably truthful, can be manipulated or interpreted in different ways.[11] Every image, even those that are supposedly the most documentary, is permeated with fiction. In a way, Fiol's work is in tune with the constructed and artificial nature of all images. He does not discard documents—the photos of Wimbledon, the stills from *The Green Fog*—but instead "translates" them into painting, a medium which, by its very nature, introduces a layer of subjectivity and ambiguity.

His work does not feature faithful reproductions, but rather fragments that are combined, altered and superimposed. This process challenges history's pursuit of objectivity, while also opening the door to new interpretations. Fiol insists that it is impossible to directly access the past: each approach is an assemblage where memory, fragmentary traces and creative decisions come together. In this way, painting becomes a laboratory for evaluating what we see and what we fail to see when we attempt to reconstruct an event.

This tension between the visible and the invisible, the evident and the veiled, is central to the artist's practice. In "The Green Fog" this appears in a relevant way in the "framing" of the figures, in the close-up that leaves out the tennis players' faces or limbs. The pictorial fragments seem incomplete, as if the gesture is in motion but the camera/painting only half captures it. This extreme zoom leads the spectator to confront what remains outside the picture, beyond the image's visible frame.

The out-of-frame not only refers to what does not appear in the frame, but also to what it suggests and invokes, to what continues to exist even if we do not see it. In this case, what remains outside reminds us that no form of representation can capture everything, that there is always an invisible space that conditions perception. This approach is particularly noteworthy when compared to the way tennis is shown on television. In sports broadcasting, everything is within the gaze's reach: the court is static, it becomes small and entirely visible. A hypervisibility that seeks to eliminate any doubt or ambiguity. However, in the real experience of tennis, one's perception is radically different. As David Foster Wallace observes in his brilliant text on the "Federer moments", the live spectator cannot see everything.[12] There is a fragmented view, determined by speed and the impossibility of focusing on all the details. Real tennis, on the court, generates a foggy view in which the players' shots come in such rapid succession that the eye can barely keep

11. Fontcuberta, Joan. *El beso de Judas: fotografía y verdad*. Barcelona: Gustavo Gili, 1996.

12. Wallace, David Foster. *String Theory: David Foster Wallace on Tennis*. New York: Library of America, 2016.

up with them. For Foster Wallace, the ball moves like a ghost: it is in one place and then, almost without a transition, disappears to then reappear in another. That speed produces a sense of unreality that cannot be captured on television, and that is where the real magic of live tennis lies. The player, like the spectator, has no time to think; the body reacts before the mind, moving almost by instinct. This leads us to a better understanding of Jimmy Connors' comment on his defeat against Ashe: "I could only wait for the fog to lift." Connors was not only speaking about strategic uncertainty, but also about the speed and the inability to anticipate what was to come next. In the case of *The Green Fog*, that same fog becomes a metaphor for the out-of-frame: what we do not see, what remains hidden, but which continues to condition everything we perceive.

#

In "The Green Fog", Fiol employs the cut-up technique, a method for fragmenting and reconfiguring narratives in order to generate new meanings. Popularised by William Burroughs in literature and especially by the artists of appropriationism, the cut-up technique is a way of dismantling linear narratives and creating new connections through montage. In a certain sense, as Nicolas Bourriaud has observed, this practice engages in a kind of "post-production" of a previous reality, transforming the artist into an "editor" or a "DJ" who works with pre-existing materials and "produces" works that reconfigure that which already exists.[13]

Fiol transfers these techniques to the pictorial domain, where montage is not limited to editing, but undergoes a process of re-mediation: photographic images are transformed into painting, slowing down time and altering our perception of what is represented. This gesture is not a simple change of medium, but a way of questioning the relationship between image and truth. By transforming the document into a painting, Fiol introduces a layer of fiction and ambiguity that underlines the impossibility of directly accessing the past.

This way of working with previous reality, and also with discarded material, has also been lucidly explored by writers such as Agustín Fernández Mallo, who, in his *Teoría general de la basura* [General Theory of Rubbish], defends the idea that cultural waste can be reinvented to produce new meanings.[14] Following this logic, Fiol "rescues" sports or cinematographic

13. Bourriaud, Nicolas. *Postproduction. Culture as Screenplay: How Art Reprograms the World*. London: Sternberg Press, 2006.

14. Fernández Mallo, Agustín. *Teoría general de la basura*. Barcelona: Galaxia Gutenberg, 2020.

images that could be considered media waste—archive photos, forgotten stills—and transforms them into something different. He does so by means of painting, an ancient language that nevertheless retains the power to generate renewed ways of seeing.

These "discarded" images end up taking on a second, more reflective and slowed-down life. The emphasis is no longer on documentary accuracy, but on the poetic, political or conceptual resonance the new composition produces in the present. Thus, the past does not re-emerge as a monolithic block, but as an accumulation of remnants that beg to be activated in each observation.

#

Although Fiol's work is essentially pictorial, his paintings interact with the exhibition space, almost like an installation. In this project, the works are arranged on the wall, in each case evoking the structure of a tennis court, with the players on either side and the painted still from the film *The Green Fog* in the middle. A central piece that acts as a sort of symbolic net that, like a border, separates and unites at the same time, generating interstices, but also connecting the field of sport with that of cinema and painting, all enveloped in the fog of history. The green fog in the painting permeates the room and evokes both the grass of Wimbledon and the fog of the film and of the project itself.

As the spectator walks through the exhibition, they position themselves in the place of someone watching a match and contemplates pictorial images that do not reveal everything. There is no trace of the ball, a crucial object in tennis, but which is absent in these paintings. Thus, the action is anchored in a void which, nevertheless, creates the tension of the whole piece. The "ball" is the non-existent centre, the invisible engine that drives the narrative without ever being seen.

The fact that the ball does not appear in any of the paintings is revealing. In tennis, this object is the main focus: players and spectators centre their attention on it. Fiol, however, decides to remove it from the field of vision and leave the players alone, fragmented in their execution, with the fog in the background. And in spite of everything, the ball is still there, in the spectator's gaze, visible in the imagination of those who try to follow the thread of the action. The references to the film suggest cinematographic atmospheres that also have to be "reconstructed" mentally. And Ashe and Connors' gestures, frozen in the brushstroke, invite us to project future and past movements that the image does not show.

Fiol conceives the room as a pictorial and conceptual "playing field". The spectator walks through the space and, in doing so, links together the pieces of a story that will always remain incomplete. It could be said that it is the spectator who has the ball in their court, who leads the game, who chooses when and where to look.

This way of concealing the object leads us to think, finally, of that which resists representation when we attempt to recompose history. There is always a core that systematically escapes us, leaving remains and traces in its place. From this perspective, the fog is not merely an aesthetic effect, but a device that reveals the incompleteness of our understanding. If, in tennis, the ball symbolises the epicentre of the action, in historiography that centre would be the lost truth of the past, the truth that we can only deduce from its traces. Traces that, in Fiol's paintings, are revealed through paradoxes, a game of presences and absences that echoes the way in which we always confront the past: by fumbling through shadows, connecting loose ends and knowing that nothing can be captured in its entirety. Thus, seeing in the fog reveals to us that any perception always has its blind spot, that the act of seeing is not about capturing everything that is visible, but about learning to look beyond the boundaries and discover meanings in everything that remains beyond our reach.

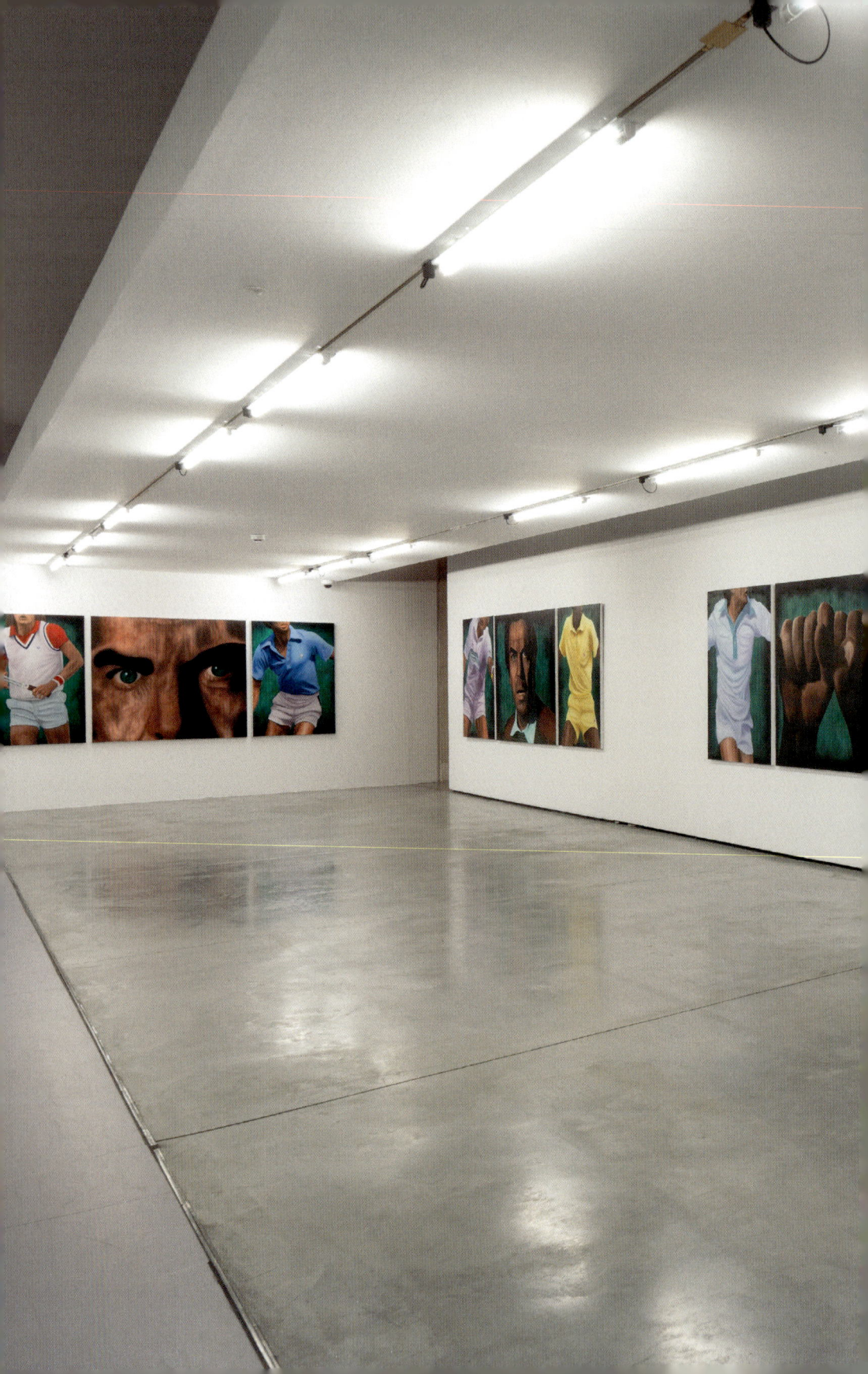

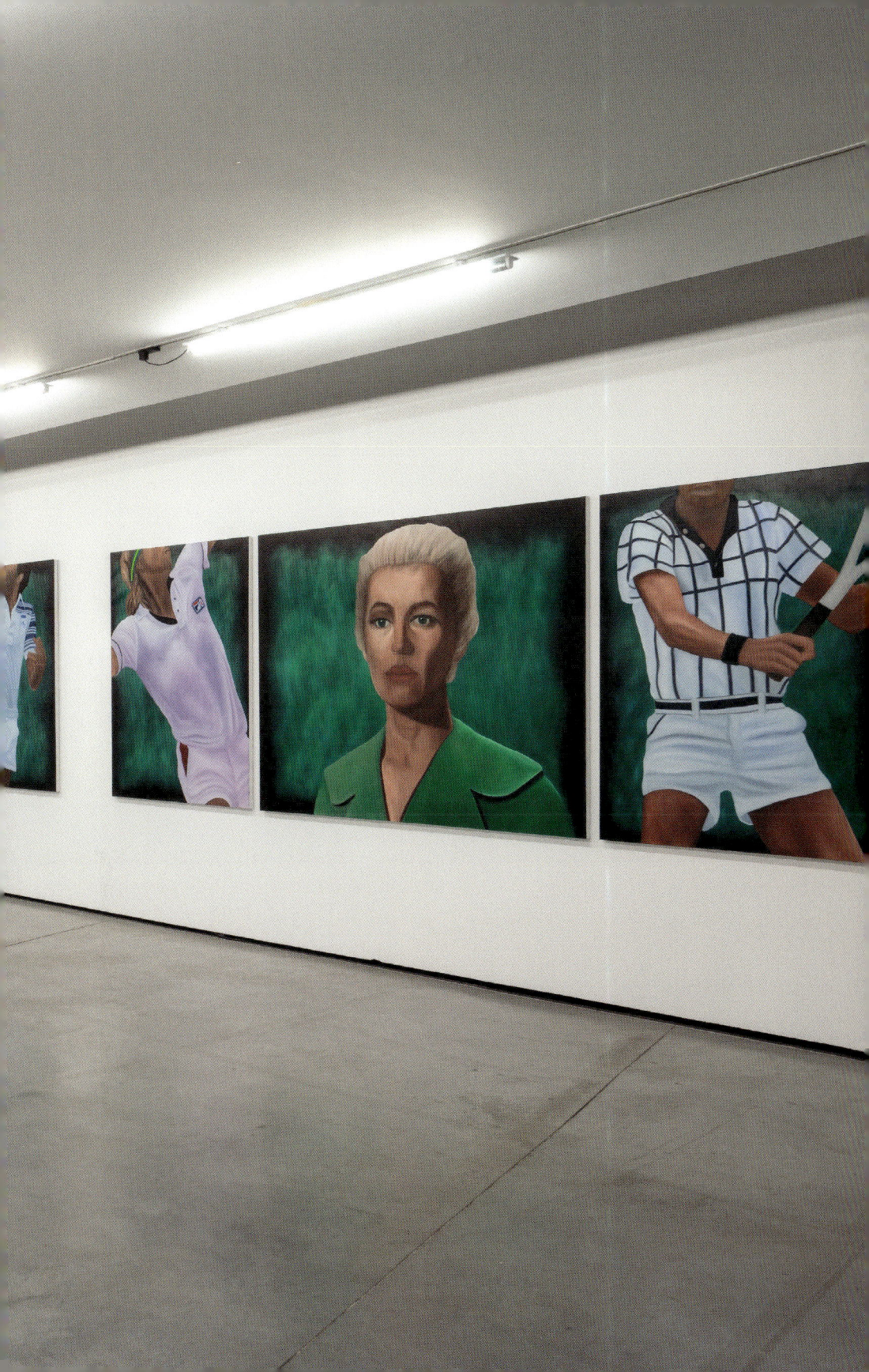

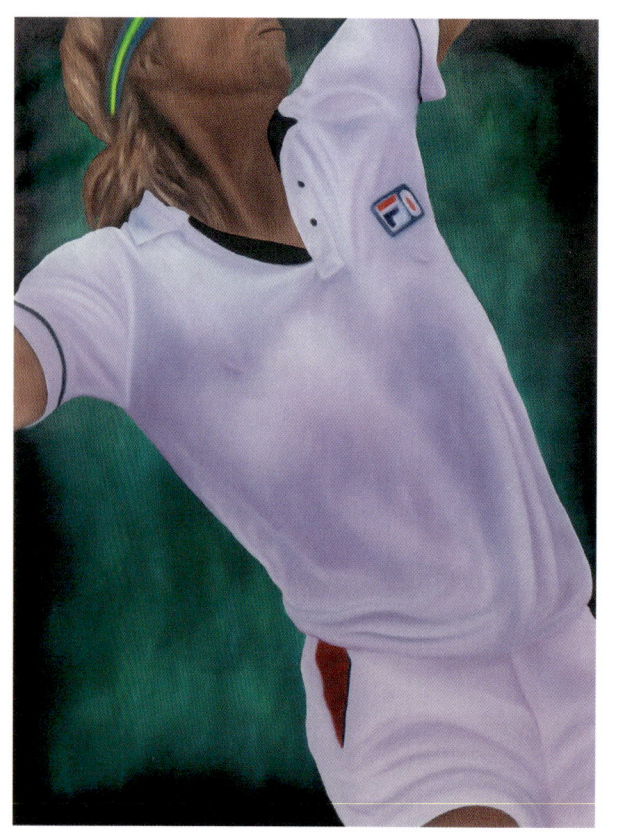
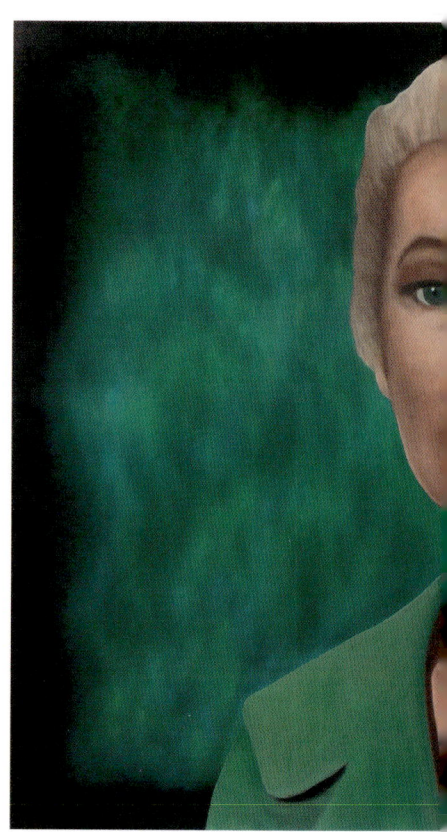

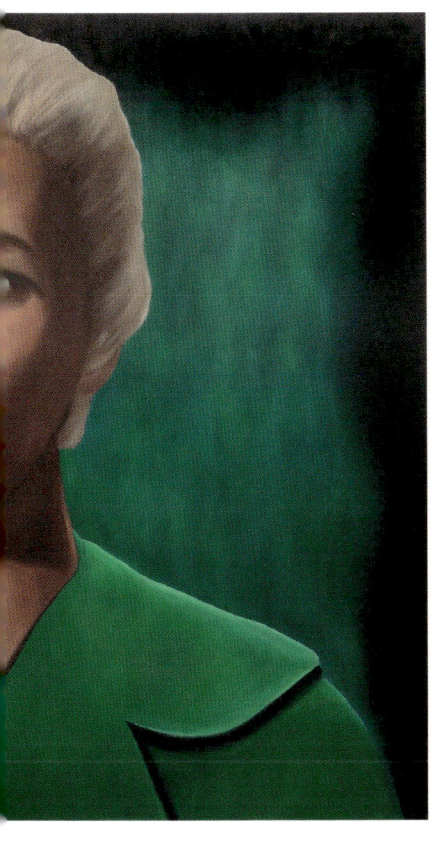
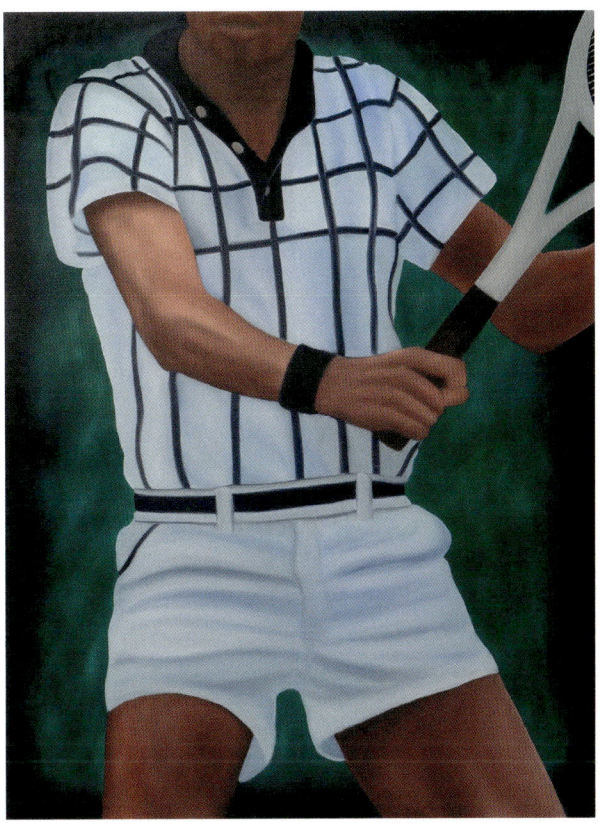

Arthur Ashe vs Björn Borg (Cuartos de final), 2024.
Oli damunt lli, 130 x 97 cm; 130 x 162 cm i 130 x 97 cm (tríptic). Cortesia de l'artista

Arthur Ashe vs Björn Borg (Cuartos de final), 2024.
Óleo sobre lino, 130 x 97 cm; 130 x 162 cm y 130 x 97 cm (tríptico). Cortesía del artista

Arthur Ashe vs Björn Borg (Cuartos de final), 2024.
Oil on linen, 130 x 97 cm; 130 x 162 cm and 130 x 97 cm (triptych). Courtesy of the artist

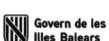 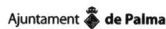 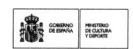

EXPOSICIÓ

Organització
Es Baluard Museu d'Art
Contemporani de Palma

Comissariat
Raquel Victoria

Coordinació
Jackie Herbst
Solange Artiles

Registre
Soad Houman
Rosa Espinosa

Muntatge
Xicarandana
Es Baluard Museu

Transport
Xicarandana

Assegurances
Correduría Howden R.S.

PUBLICACIÓ

Aquest llibre es publica amb motiu de l'exposició « José Fiol. The Green Fog » un projecte produït per Es Baluard Museu d'Art Contemporani de Palma, que va tenir lloc del 31 de gener fins al 4 de maig de 2025 a l'Espai D

Este libro se publica con motivo de la exposición « José Fiol. The Green Fog », un proyecto producido por Es Baluard Museu d'Art Contemporani de Palma, que tuvo lugar del 31 de enero al 4 de mayo de 2025 en el Espacio D

This book is published on the occasion of the exhibition "José Fiol. The Green Fog", a project produced by Es Baluard Museu d'Art Contemporani de Palma, which took place from 31st January to 4th May 2025 at the Exhibition Hall D

Coordinació
Es Baluard Museu

Disseny i maquetació
hastalastantas

Textos
Miguel Ángel Hernández.
Escriptor i professor d'Història de l'Art
Raquel Victoria

Traduccions
Àngels Álvarez
la correccional

Crèdits fotogràfics
David Bonet
Juan David Cortés, p. 10

Impressió i encuadernació
Agencia Gráfica

© de la present edició, Fundació Es Baluard Museu d'Art Contemporani de Palma, 2025
© de les obres, José Fiol, 2025
© dels textos, els autors

ISBN 978-84-10136-18-2
DL PM 00109-2025

Agraïments
Lina Alemany, Thomas Buro, Xisca Carbonell, Agustín Fernández Mallo, Blanca Fiol, Jaime E. Fiol, Jaime Fiol, Jaume Julià Fiol, Juan A. Fiol, Ignacio G. Noceda, Miki Garro, Miguel Ángel Hernández, Joana López, Maria Antonia Paniza, Fran Reus, Raquel Victoria Rodríguez, Ana Ruano, Hratch Youredjian, Krikor Youredjian

WWW.ESBALUARD.ORG
#JOSEFIOLESBALUARD
@ESBALUARDMUSEU